能工巧匠

本册主编：马建兴

本册副主编：蔡　萍　周　平

本册编者：石虹梅　吴　婷　顾源媛

　　　　　　刘朝进　高静怡　魏德营

　　　　　　邱　挺　李晓华　潘　辉

苏州大学出版社

图书在版编目(CIP)数据

能工巧匠 / 马建兴主编．—苏州：苏州大学出版社，2018.10(2019.9 重印)
("苏式"STEAM 精品课程系列丛书 / 马建兴主编)
ISBN 978-7-5672-2619-7

Ⅰ.①能… Ⅱ.①马… Ⅲ.①科学知识-初中-教材 Ⅳ.①G634.71

中国版本图书馆 CIP 数据核字(2018)第 227811 号

能工巧匠

马建兴　主编

责任编辑　张　凝

助理编辑　荣　敏

苏州大学出版社出版发行
(地址：苏州市十梓街 1 号　邮编：215006)
虎彩印艺股份有限公司印刷
(地址：东莞市虎门镇北栅陈村工业区　邮编：523898)

开本 890 mm×1 240 mm　1/16　印张 7.75　字数 211 千
2018 年 10 月第 1 版　2019 年 9 月第 3 次印刷
ISBN 978-7-5672-2619-7　定价：38.00 元

苏州大学版图书若有印装错误，本社负责调换
苏州大学出版社营销部　电话：0512-67481020
苏州大学出版社网址　http：//www.sudapress.com

编委会

丛书顾问：崔 鸿　严惠禹泓

丛书主编：马建兴

丛书副主编：周先荣　孙雅琴　吴 洪

执行编委：张 凝

编　　委：（按照姓氏笔画排序）

王 波　王 健　朱家华

许秋红　李伟根　张 云

张 琴　张 锋　陈 苇

陈 严　陈有志　陈海涛

罗天涛　季忠云　周 颖

项春晓　唐晓辰　解凯杉

时下，STEAM 教育在美洲、欧洲、亚洲等地大热，俨然已成为各大发达国家教育发展的趋势与潮流。STEAM 旨在加强关于科学、技术、工程、艺术以及数学的教育。在 STEAM 教育中，项目是组织形式，兴趣是驱动，知识是基础，素养与能力是关键。这对于创新人才的培养意义深远。

从"中国制造"走向"中国创造"，进而实现"中国智造"，STEAM 教育是基础教育阶段科技教育的重要启蒙，可以提高学生的科学素养和实践能力，是实现伟大中国梦的重要基础。2015 年 9 月初，教育部发布的《关于"十三五"期间全面深入推进教育信息化工作的指导意见（征求意见稿）》中就曾明确指出，建议学校"探索 STEAM 教育"。从国家层面来看，STEAM 目前已经进入我国国家课程标准之内。2017 年教育部印发的《义务教育小学科学课程标准》中，特别把 STEAM 教育列为新课程标准的重要内容之一。

STEAM 教育其实是基于标准化考试的传统教育理念的转型，它代表着一种现代的教育哲学，更注重学习的过程，而不是结果。与考试相反，我们希望学生们创造能够应用于真实生活的知识。所以，STEAM 教育不是在桌椅整齐的教室上课，而是在充满木板、锉刀、画笔、电线、电路板、芯片、3D 打印机、显微镜、解剖刀、温度计，以及各种奇怪教育科技产品的工作坊内"玩科学"，抑或是带着各种仪器装备，去湖泊、草地、农场、树林，甚至是沼泽地等开展实践研究。

苏州是中国首批 24 座国家历史文化名城之一，有近 2 500 年的历史，是吴文化的发祥地，也是著名的风景旅游城市、国家高新技术产业基地、长江三角洲城市群重要的中心城市之一、江苏长江经济带的重要组成部分。苏州属亚热带季风气候，四季分明，降水充沛。这里适宜种植水稻、小麦等粮食作物；有油菜、棉花、蚕桑、茶叶和林果等经济作物；也有长江刀鱼、太湖银鱼、阳澄湖大闸蟹等地方特色水产。

2006 年 11 月，中共苏州市委根据各方意见，将"崇文、融和、创新、致远"确立为苏州城市精神。而 STEAM 教育强调跨学科综合，强调技术和工程，倡导以实际问题为导向，开展基于项目的深度学习，从而培养学生"逻辑思考、解决问题、批判性思维、创造力和合作能力"等核心素养。因此，STEAM 教育理念本质上是与苏州的城市精神相统一的，都强调融合、创新、发展，均注重科学精神与人文思想的统一，重在培养人的素养。

基于"立德树人"的教育立场，融 STEAM 理念和苏州地方特色于一体，我们编写了"'苏式' STEAM

精品课程系列丛书"。本丛书选取了具有苏州地方特色且贴近学生生活的素材，分别以"苏州印记""水乡探秘""能工巧匠"为主题，开发了"大自然的记忆——苏州的自然条件""大自然的馈赠——苏州的生物多样性与保护""烟雨姑苏茶飘香——苏州茶文化和采茶制茶""蝶之舞——江苏地区蝴蝶的监测及保护""桑·蚕·文化——江浙地区蚕桑栽培、饲养及丝绸文化""似水流年——苏州水文化及水环境保护""姑苏一品 水中'八仙'——苏州几种典型的湿地经济作物及其价值""水泽洞庭蕴天宝——太湖洞庭山及其特色水果的研究""水乡·水产·水韵——从'太湖三白'到'长江三宝'""鸟悦太湖——太湖湿地鸟类研究""果园飘香——苏州特色水果介绍与果树栽培""'拔苗助长'——苏州特色经济作物的快繁与复壮""'玫''桂'有约满庭芳——玫瑰与桂花的栽培与应用""明眸善睐——眼科学与视力保护及矫正""'菌菌乐道'——舌尖上的微生物"共 15 个 STEAM 课程，旨在让学生通过基于项目的实践活动，认识苏州的气候环境、风土人情、特色生物、科技发展、文化艺术……以培养学生的创新意识、科学思维、探究能力、工程素养、信息技术素养以及合作交往能力等关键能力。在这里，孩子们可以共同探究科学之真谛，了解技术之运用，掌握工程之方法，欣赏自然之美。我们致力于从实践出发，循序渐进地发展孩子的核心素养，在实践中培养他们的创造力和想象力。

本丛书是江苏省"十二五"规划重点资助课题"优化初中生物实验教学策略的实践研究"的研究成果。课题研究承担单位为苏州市教育科学研究院、苏州市吴中区木渎南行中学、北京外国语大学附属苏州湾外国语学校、苏州市吴中区中小学生综合实践学校。感谢苏州市教育科学研究院丁杰院长对本项目一直以来的关心和支持，感谢华中师范大学崔鸿教授、北京师范大学王健教授、南京师范大学解凯彬教授等专家对本书撰写过程的悉心指导与后期的细致审校。感谢本书的作者们夜以继日地开展的卓有成效的工作，这些作品代表了作者们的思想，更传播了一种 STEAM 教育的精髓——强调跨界，倡导合作，重在实践，关心生活，关注发展，并感受人文与艺术之美。

舞动青春，融创智慧，筑梦天下！

我们以梦为马，定将不负韶华。

是为序。

马建兴 于苏州

2018 年 8 月

编写说明

苏州,历史上有苏派建筑的杰出代表"香山匠人",有中国五大民间木版年画之一的"桃花坞木刻年画",有中国四大名绣之一的"苏绣",有"江南园林甲天下,苏州园林甲江南"的"苏州古典园林"……苏州的经济繁荣、文化发达,离不开众多心灵手巧的工匠及其"工匠精神",他们或有灵巧画笔,绘就梦想蓝图;或手握精巧刻刀,雕出梅兰竹菊;或纤手拈绣针,绣出锦绣山河,为世人创造了一个个巧夺天工的奇迹,书写了一篇篇令人叹为观止的华章。

本书汲取苏州古典文化的精髓,精心选取部分精美绝伦的"苏式"工艺技术,以贴近学生的生活实际为导向,开发了"能工巧匠"主题的 STEAM 精品课程。本课程包括"果园飘香——苏州特色水果介绍与果树栽培""'拔苗助长'——苏州特色经济作物的快繁与复壮""'玫''桂'有约满庭芳——玫瑰与桂花的栽培与应用""明眸善睐——眼科学与视力保护及矫正"和"'菌菌乐道'——舌尖上的微生物"五章,旨在让学生通过基于项目的实践活动,了解苏州的传统工艺,体会其中蕴含的非凡智慧,掌握一些简单的工艺,培养学生的工匠精神、创新意识、科学思维、探究能力、工程素养、审美情趣、信息技术素养以及合作交往能力等关键能力。在这里,学生们可以共同探究科学之真谛,了解技术之运用,掌握工程之方法,欣赏自然之美。我们致力于从实践出发,循序渐进地发展学生的核心素养,在实践中培养学生的创造力和想象力。

本书内容丰富,图文并茂;章节学习目标明确;学习内容充满趣味,并且饱含苏州传统文化的味道;探究实践注重学习与生活相联系,注重生产、生活中的真实问题的科学解决之道;技能训练要求具体;章节评估注重实践成果展示,充分体现重要概念的理解、大概念的建构、科学思维的发展及实践技能的运用。值得注意的是本书不仅仅是提供基于生物、地理、物理、化学与数学等学科知识融合为主体的 STEAM 课程设计,更重要的是以此为案例传递 STEAM 的教育理念,探讨 STEAM 教学方法,为践行从 STEAM 教育走向"创客教育"探寻出路,为促进学习者深度学习提供参考,为学生的终身发展奠定基础。

第 1 章　果园飘香
　　——苏州特色水果介绍与果树栽培 / 1

第 1 节　硕果满园 / 2

第 2 节　果香四溢 / 7

第 3 节　风味密码 / 10

第 4 节　智慧果园 / 14

第 2 章　"拔苗助长"
　　——苏州特色经济作物的快繁与复壮 / 20

第 1 节　植物组织培养的基本知识 / 21

第 2 节　菊花的组织培养 / 26

第 3 节　苏州特色经济作物的繁育 / 30

第 3 章　"玫""桂"有约满庭芳
　　——玫瑰与桂花的栽培与应用 / 36

第 1 节　玫瑰及其文化 / 37

第 2 节　提取"玫""桂"精油 / 41

第 3 节　桂花树及其文化 / 43

第 4 节　制作书签 / 46

第 5 节　桂花树冬季为什么不落叶？/ 49

第 6 节　揭开"玫""桂"生命的密码——制作 DNA 项链 / 51

第 4 章　明眸善睐
　　——眼科学与视力保护及矫正 / 54

第 1 节　眼的结构 / 55

第 2 节　眼的成像原理 / 65

第 3 节　与眼有关的疾病 / 74

第 4 节　视力的矫正 / 81

第 5 章　"菌菌乐道"
　　——舌尖上的微生物 / 90

第 1 节　认识食用菌 / 91

第 2 节　"菌菌有味"——舌尖上的微生物 / 97

第 3 节　"谦谦菌子"——酵母菌 / 103

第 4 节　"与菌相伴"——蚕蛹虫草 / 108

第 1 章 果园飘香
——苏州特色水果介绍与果树栽培

春来梨花皎若雪，枇杷压枝杏儿肥，夏至杨梅染紫晕，橘子红了枝头坠。家在苏州的人是极有口福的，且不说鱼、虾、蟹，也不说各色汤料和浇头的面，就说说苏州的特色水果。水果是大自然的恩赐，它们色彩斑斓，营养丰富。在苏州这片富饶的土地上，柑橘、翠冠梨、水蜜桃、草莓、桑葚、石榴、葡萄、枇杷、杨梅……都是极具代表性的地产水果。上有天堂，下有苏杭。苏州——舌尖上的天堂，你是否想和苏州来一场甜蜜的约会，让味蕾抢"鲜"一步呢？

内容提要

* 苏州特色地产水果
* 水果及果制品的风味
* 果树栽培
* 现代科学技术对果园发展的影响

本章学习意义

认识苏州地区的特色水果及各式风味果品，了解果树栽培的基本方法，了解现代农业技术的发展为果树种植带来的前景，关注生态农业与环境保护。

第 1 节 硕果满园

学习目标

认识 苏州特色水果
了解 水果的营养价值
比较 不同水果的甜度
比较 不同水果中维生素C的含量
制作 水果电池

关键词

- 光合作用
- 营养
- 糖类
- 甜度
- 维生素
- 有机酸

艺术鉴赏

读一读

《橘园》

南宋·范成大（号石湖居士）

橘中有佳人，招客果下游。
胡床到何许，坐我金碧洲。
沉沉剪彩山，垂垂万星球。
奇采日中丽，生香风外浮。
折赠黄团双，珍谕桃李投。
拆开甘露囊，快吸冰泉瓯。
热脑散五浊，岂止沉疴瘳。
未知商山乐，能如洞庭不？

说一说

介绍你喜爱的水果，分享挑选水果的心得。尝试写一首小诗或一段文字，用以宣传苏州特色水果。

苏州被誉为"东方威尼斯"，属亚热带季风气候，充足的雨水和丰沛的阳光让这里成为植物生长的天堂，在这个 8 657.32 平方公里的土地上（含水域面积），农作物播种面积达 2 530.2 平方公里，其中果树种植约有 132 平方公里，果树种植是苏州农业传统产业之一。

一 苏州特色地产水果

苏州有多种多样的水果，如太湖蜜橘、凤凰水蜜桃、树山翠冠梨、神园葡萄、白玉枇杷、细蒂杨梅……

蜜橘（芸香科柑橘属）品种很多，其中"洞庭红橘"以其红面孔而珍贵，早在唐代就被列为贡品，故称"贡橘"。

水蜜桃（蔷薇科桃属）皮韧易剥，汁多甘厚，入口即化。张家港凤凰镇的万亩桃林，阳春三月，十里桃花。

翠冠梨（蔷薇科梨属）又称"六月雪"，属砂梨系，果肉厚质细嫩，有"百果之宗"的美誉。

草莓（蔷薇科草莓属）品种较多，其中"99号""章姬"等品种因奶香浓郁，被称为"牛奶草莓"。

杨梅（杨梅科杨梅属）苏州杨梅素有盛名。明代徐阶曾赞"若使太真知此味，荔枝焉得到长安"。

枇杷（蔷薇科枇杷属）因秋萌、冬花、春实、夏熟备四时之气，而被誉为"百果中的奇珍"。

第1章 果园飘香
——苏州特色水果介绍与果树栽培

葡萄（葡萄科葡萄属）又名提子，最古老的果树树种，世界"四大水果"之一。

桑葚（桑科桑属）又名桑果，桑树的成熟果实，其叶为养蚕的主要饲料。

图 1-1-1　苏州的几种特色水果

二　水果的"甜"与"酸"

果树通过光合作用合成的糖类物质是水果甜味的主要来源，甜味能给人幸福的感觉。在挑选水果时，人们大多希望买到甜度高的水果。你知道该如何挑选更甜的水果吗？

探究·实践

比较不同水果的甜度

实验材料

烧杯，光的传播、反射、折射实验器（单光束激光水槽型），手持式甜度计，不同的水果，研钵（或榨汁机）等。

实验步骤

1. 用研钵或榨汁机制取不同水果的果汁，标记为 A，B，C……

2. 固定激光束入射角度（多次测定，入射角度不变）。

3. 将 50 mL 果汁 A 倒入水槽中，记录激光折射角度 a，清洗水槽后将 50 mL 果汁 B 倒入水槽中，记录激光折射角度 b，依此类推。

4. 比较光在不同果汁中的折射角度，折射角度越大，甜度相对越高。

5. 用手持式甜度计检验你的实验结论。

思维拓展

1. 水果的相对比甜度如何测定？

2. 能否不破坏水果就检测出水果的甜度呢？

注意事项

1. 防止激光束直接照射眼睛。

2. 每次测量以后，需清洗水槽，并用吸水纸擦干。

知识链接

甜度又称比甜度，是一个相对值，通常以蔗糖作为基准物，一般以 10% 的蔗糖水溶液在 20 ℃ 时的甜度定为 1.0，其他糖的甜度则与之相比较得到。

甜度计是一种通过测量水溶液的折射率来测量其糖浓度的仪器。所有水溶液都能使光的方向发生一定角度的偏折。光的偏折会随溶液浓度的增加而成正比增加。

表 1-1-1　部分糖类的比甜度

名称	比甜度
蔗糖	1.0
乳糖	0.4
麦芽糖	0.5
葡萄糖	0.7
果糖	1.5
半乳糖	0.27

科学思维

有人说，水果含糖量越高，就会越甜。你认为这种说法正确吗？说说你的理由，并尝试用实验的方法来验证你的观点。

糖酸比是影响水果口味的重要因素，水果中一般含糖类6%~25%，其中主要是葡萄糖、果糖和蔗糖，其比例因种类不同而异。此外，水果中还含有多种有机酸（如柠檬酸、酒石酸和苹果酸等）、单宁、果胶、纤维素、维生素和芳香物质等，它们使水果具有各自特殊的风味。

技能训练

比较水果中维生素C的含量

实验材料

不同种类的新鲜水果、滴管、高锰酸钾溶液、试管、研钵等。

实验步骤

1. 取相同重量的新鲜水果若干种，将它们分别用研钵挤出汁液。将汁液分别倒入洁净、干燥的烧杯中备用（注意贴好标签，如图1-1-2所示）。

图1-1-2 几种不同水果的果汁

2. 向几支干燥、洁净的试管内分别注入同一浓度的高锰酸钾溶液2 mL。
3. 分别用洁净、干燥的滴管吸取水果汁，再分别滴入试管中，边滴边振荡，直至高锰酸钾溶液完全褪色为止，记录下汁液的滴数。
4. 分析数据，得出结论。

思维拓展

1. 你还能用其他方法比较水果中维生素C的含量吗？
2. 有人说，煮熟的水果中维生素C的含量会大大降低，这是真的吗？

注意事项

1. 吸取不同水果汁的滴管不可混用。
2. 实验后的果汁不可食用。

知识链接

维生素C缺乏病（又称坏血病）一直是困扰远洋水手的严重疾病，1747年英国海军军医林德建议海军和远征船队的船员在远航时要多吃些柠檬，从此他们未曾患过坏血病。但那时的人们还不知柠檬中的什么物质对坏血病有抵抗作用。那么，你知道吗？

表1-1-2 部分水果维生素C含量

水果名称	维生素C含量 （毫克/100克水果）
草莓	47
金橘	35
橙子	33
葡萄	25
猕猴桃	420
柠檬	20

酸甜可口的水果为人们带来喜悦和幸福的感觉，这是来自阳光的味道。植物通过光合作用合成有机物，它们将会在水果成熟的过程中，发生一系列的转变，使得每一颗水果都像充满了风味能量的炸弹，等待引爆人们的味蕾。这些能量来源于光，在光合作用过程中它们被转化成化学能储存在有机物中。你能再将它们转化为光吗？

探究·实践

制作水果电池

实验材料

柠檬（酸性多汁的水果均可）、铜片（正极）、锌片（负极）、电线、发光二极管（见图1-1-3）。

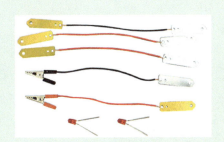

图1-1-3　水果电池材料

实验步骤

1. 把一个铜片、一个锌片插入一个水果内（也可将水果切块后使用），两片之间要近一点，但不能碰片，多个水果都如图插好（见图1-1-4）。
2. 用电线把每个水果的正极（铜片）和负极（锌片）之间串联起来，开头的一个正极（铜片）为电源正极，收尾的一个负极（锌片）为电源的负极。
3. 用导线和用电器连起来形成回路。
4. 尝试解释你所观察到的现象。

注意事项

同一个水果中的两个电极不能碰到一起。

知识链接

水果电池是利用水果中的化学物质和金属发生反应产生电能的一种电池。

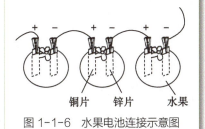

图1-1-6　水果电池连接示意图

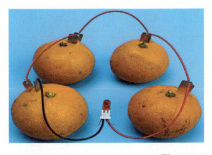

图1-1-4　水果电池

图1-1-5　创意欣赏

一、概念理解

1. 下列是生活中常见的各种植物,其食用部分不属于果实的是(　　)。
   A. 草莓　　　　　　B. 桑葚　　　　　　C. 水蜜桃　　　　　　D. 甘蔗

2. 古代长期在海上航行的人很容易患有某种疾病,表现为齿龈肿胀、出血,皮下有淤点,关节及肌肉疼痛,毛囊角化等。该病可能因缺乏某种维生素所致,该种维生素及疾病分别最可能是(　　)。
   A. 维生素A,夜盲症　　　　　　　　　　B. 维生素A,坏血病
   C. 维生素B,口角炎　　　　　　　　　　D. 维生素C,坏血病

二、科学思维

水果电池的原理是:利用两种金属片的电化学活性不同,其中更活泼的一种金属片能置换出水果中酸性物质的氢离子产生正电荷,在组成原电池并形成回路的情况下,能产生电流。

(1) 电池有正负极之分,你知道如何判断水果电池的正负极吗?请说说你的方法和理由。

(2) 在制作水果电池的活动中,小明制作的电池无法点亮发光二极管,用电流表检测,发现电流太小,要是电流能再大一点就好了。你能帮助小明吗?请说说你的方法。

三、创客空间

自拍杆"放大你的美",它的发明满足了爱自拍的人们对美的追求。美味的果实往往长在果树的高处,请与你的同伴一起,利用你们掌握的物理、工程、技术、数学等知识,参考自拍杆的原理,设计一个便携式果实采摘器来缩短你和美味的距离,并为你们的创作取一个响亮的名字。如果可能,将你设计的模型制作出来。

第 2 节　果香四溢

从人类伸手摘下第一颗水果起，水果便已注定进入人类的世界。它们已经深深地融入我们的生活，只因拥有丰富滋味与斑斓色彩。果熟时节，人们都想品尝这新鲜、成熟的甜美。

呼吸作用使果实的生命得以延续，同时也加速着果实的腐烂。时间此刻成了美味最大的阻碍。酒的发明，为水果带来了新的生命，是人们对抗时间的一次胜利，也对人类文化乃至文明产生了深远的影响。

学习目标

体验　果酒的制作
认识　特色果制品
尝试　制作水果拼盘

关键词

- 风味
- 时间
- 发酵
- 呼吸作用

探究·实践

果酒的制作

实验材料

发酵瓶、纱布、研钵（或榨汁机）、葡萄（可用其他水果替换）、酵母、蔗糖等。

实验步骤

1. 对发酵瓶、纱布、研钵（或榨汁机）等用具进行清洗并消毒，晾干备用。
2. 取 500 克葡萄，带柄洗净，晾干备用。
3. 将葡萄用研钵捣碎（或用榨汁机打碎），放入发酵瓶内。
4. 加入酵母和蔗糖，搅拌均匀，将发酵瓶置于适宜的温度（18℃～25℃）下发酵。
5. 每天排气一次（拧松瓶盖但不要打开）。
6. 数天后取样检测。

拓展应用

查找资料，结合果酒的制作方法尝试制作果醋。

注意事项

1. 发酵过程中，瓶盖不能完全敞开，也不能盖紧。
2. 出于安全考虑，判断是否发酵成功，请用试剂进行检验（参考知识链接），请勿直接品尝。
3. 操作过程尽量避免杂菌对实验带来的干扰。

知识链接

酵母菌，兼性厌氧型，在有氧、无氧条件下都能进行呼吸作用，其无氧呼吸产生酒精和二氧化碳。微生物的无氧呼吸过程也称为发酵。

二氧化碳能使澄清石灰水变浑浊，也可以使 BTB 试剂由蓝变绿再变黄。酒精能使酸性重铬酸钾溶液由橙色变成灰绿色。

科学思维

果酒发酵过程中，因产生二氧化碳而需要经常拧松瓶盖放气，你能否设计一个发酵装置，既能自动排出多余气体，又可以保持发酵的无氧环境？

水果一直以来就是最重要的食物之一，不同的糖酸比与香气让水果具有了千百种独特的滋味，征服了人们的味蕾，也激发了人们对于美味的更多想象和期待。果脯的发明，让水果摆脱了水分的束缚。冷藏、包装等技术的发展，让时间在美味面前放慢了脚步，让人们跨越时间与距离，仍然能品尝到水果的美味，满足对鲜美的渴望。在苏州人眼里，从来没有单一的食谱，通过搭配不同的食材与工艺，精妙把握每种水果独一无二的特性，最大程度激发水果的美味，在寻找酸与甜的平衡中，水果发生了各种奇妙的转化。

艺术鉴赏

水果雕刻历史悠久，北宋时每年农历七月初七，汴京人将瓜雕成各种花样，叫花瓜。现在的水果雕刻技艺是在传统果雕的基础上发展而来的。

图1-2-2 果雕艺术

杨梅酒 由杨梅、白酒和冰糖按一定比例制作而成，口感清爽、消暑解腻，还有止泻功能。

糖水黄桃 将桃与冰糖制成罐头，让人们在冬季里也能品尝桃子的风味。

冰糖雪梨 梨与水蒸气的相遇，清香爽口，具有润肺清燥、止咳化痰的作用。

蜂蜜橘茶 冰糖软化了柑橘的酸，清爽提神，还能清除口腔异味，润肺止咳。

图1-2-1 几种特色风味果品

技能训练

制作水果拼盘

利用水果本身的色彩和品质特点，通过构思和合理搭配，将各种时令水果拼摆出不同的艺术造型，使人既饱享口福，又有美的享受。

活动目的

尝试为某一主题活动（例如庆祝生日、家庭聚餐、同学聚会等）制作一个水果拼盘。

注意事项

1. 制作过程要讲究卫生，需保持工具与水果的洁净。
2. 节约为本，多余的水果可以和同伴分享，避免浪费。

一、概念理解

1. 制作葡萄酒时，人们常将紫红色的葡萄皮一起放入发酵装置，最后酿出的葡萄酒就被称为"红酒"，这些紫红色的汁液来自果皮细胞的（　　）。

   A. 细胞壁　　　　　B. 线粒体　　　　　C. 液泡　　　　　D. 叶绿体

2. 水果可以用来酿酒，在酿酒的过程中，通常用到的微生物是（　　）。

　　　A　　　　　　　　B　　　　　　　　C　　　　　　　　D

二、科学思维

你去过果园吗？如果你在水果大量上市期间到果园，会发现一个奇怪的现象：水果在还没完全成熟的时候就被果农采摘上市了。你也许会想，等水果完全成熟时再采摘岂不是更好吗？这是怎么回事呢？

三、创客空间

冰糖雪梨是一道常见的名点，以梨、冰糖一起慢火炖制而成。具生津润燥、清热化痰之功效，特别适合秋天食用。现代医学研究证明，梨确有润肺清燥、止咳化痰的作用，因此对患急性气管炎和上呼吸道感染的患者出现的咽喉干、痒、痛、音哑、痰稠等均有良效。梨又有降低血压和滋阴清热的效果，所以高血压、肝炎、肝硬化病人常吃梨有好处。

图1-2-3　冰糖雪梨

（1）尝试做一份冰糖雪梨，并与你的伙伴、家人分享。

（2）冰糖雪梨如果能工厂化量产，会极大地拓展翠冠梨的市场销量。你有什么好的产品开发、加工、运输与销售的办法吗？

第 3 节 风味密码

学习目标

- **认识** 果实的结构
- **了解** 果树的繁殖
- **尝试** 果树嫁接
- **尝试** 探究环境因素对果树的影响

关键词

- 遗传物质
- 有性生殖
- 无性生殖
- 杂交育种
- 环境因素

在一次户外采摘活动中,小明品尝到了凤凰水蜜桃。他觉得这是他品尝过的最好吃的桃子,于是把桃核带回家种植,期待将来可以吃到自己栽种的凤凰水蜜桃。但是爷爷对他说,他这样种出来的桃子,可能味道和原来吃到的是不一样的,小明很诧异。你能给小明解释这是为什么吗?你可以尝试帮助小明栽种出他喜爱的水蜜桃吗?

一 遗传密码

果树生长到一定阶段就会开花,当花的各部分成熟时,雌蕊经过传粉受精,形成果实和种子。果实拥有绚烂的色彩,诱惑着各种动物,果实被采摘的同时种子也得以传播。种子因含有两性亲本的遗传物质而变得拥有更多可能。用种子繁殖也叫**有性繁殖**。

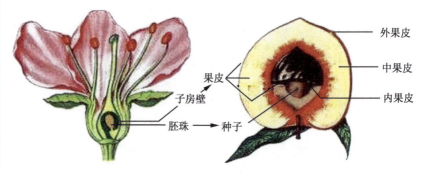

图 1-3-1 桃的花和果实

在生产中,人们用不同性状的果树相互授粉进行杂交获得种子,可以将两个或多个品种的优良性状集中在一起。这种方法叫杂交育种,是果树育种常用的方法。杂交育种产生的果实风味各异,人们需要根据需求进行选择,从而培育优良品种。

为了保持某一品种水果特有的风味,进行规模种植时,常用果树营养器官的一部分进行**无性繁殖**,如扦插、嫁接和压条等。此法是通过母体的营养器官产生子代新个体,后代便可保持母体的优良遗传性状。例如用枳(枸橘)壳作为砧木嫁接柑橘,不但能保留柑橘原有风味,还能使新品种耐寒、丰产、矮化。

技能训练

尝试月季嫁接

实验材料

盆栽蔷薇、盆栽月季、75%酒精、水、枝剪、刀片或嫁接刀、喷水壶、塑料膜或嫁接膜、透明塑料袋等。

实验步骤

1. 尝试月季嫁接。
2. 尝试双色月季的嫁接。

注意事项

注意刀具使用的安全。

图1-3-3 树状多色月季

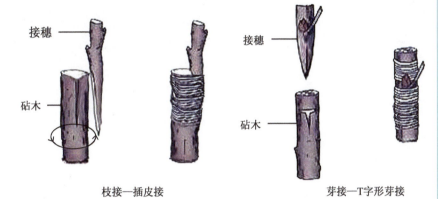

图1-3-2 几种嫁接方法图解

因受到植物病毒等因素的影响，多数果树在种植10~20年就会出现品种退化，影响水果的品质和产量，这一直是影响果业发展的一个难题。勤劳智慧的人们不断探索，发明了能让果树复壮与快速繁殖的方法——组织培养法。植物的组织培养是利用植物体的细胞、组织或器官进行离体培养，形成新植物体的技术（▼具体方法参考本书第2章）。

随着科学技术的发展，果树的育种也有了更多方法。人们利用遗传学、细胞生物学、现代生物工程技术等原理方法培育果树新品种，如诱变育种、多倍体育种、单倍体育种、细胞工程育种（组织培养育种）、基因工程育种（转基因育种）等。育种技术的发展，为水果带来了更多风味的变化。

二 环境因素

凤凰水蜜桃以其形美、色艳、肉细、皮韧易剥、汁多甘厚、味浓香溢、入口即化等特点而驰名中外。其中早、中熟品种在6月中下旬到7月上市，此时正值苏州的黄梅天。水蜜桃虽适合生长在高

知识链接

果树原有优良性种减弱的现象被称为果树品种的退化变劣。其主要表现为同品种各个单株间产量发生变异，品质好坏不一，形态特征出现畸变，成熟期不同或对不良条件的抵抗力减弱等，会严重影响水果的品质和产量。

知识链接

黄梅天，即中国长江中下游地区，平均每年6月中旬到7月上旬持续较长的阴沉多雨天气。此时，器物易霉，故称"霉雨"，简称"霉"；又值江南梅子黄熟，亦称"梅雨"或"黄梅雨"。一般历时20多天，雨量在200毫米～400毫米。

特长黄梅天，即部分年份梅雨持续特别长时间，本该晴朗炎热的"伏天"却一直是阴云密布、难见太阳，瓢泼的大雨不时倾泻地面，甚至"寒气"袭人。长江中下游地区5～7月三个月的雨量，一般都达到800毫米～1000毫米，接近该地区正常年份全年的雨量，会对农业生产造成严重影响。

温多湿的气候条件下，但是桃树是浅根系果树，主要根系多分布在60厘米的土层内，桃树根需要的氧比较多。特长黄梅天连日的阴雨天气不但影响桃树的光合作用，使水蜜桃变得淡而无味，还可能因积水导致桃树烂根而减产，这是果农们最害怕遇到的情况。

水果的风味不仅受果树的遗传物质影响，还受到其生存环境的影响。环境为果树提供了必要的生存条件，包括阳光、空气、水、土壤、温度等非生物因素和周围其他生物构成的生物因素。环境成就了水果的美味，同时也可能是美味的克星，正如"橘生淮南则为橘，生于淮北则为枳"说的一般。

探究·实践

探究水对植物生长的影响

实验材料

植物幼苗（自选）、多个相同的花盆、栽种工具等。

实验步骤

1. 以水为变量设计对照试验，并设置好实验装置。
2. 将实验装置放在适宜的环境中，按实验设计定时浇水，每天定时观察，并记录幼苗的生长状况。
3. 分析现象，得出结论。

拓展应用

尝试探究其他环境因素对植物生长的影响。

图1-3-4 正常浇水（左）与缺水（右）的铜钱草对比

水果拥有多种多样的滋味，离不开人类的参与。人们不断探索着水果中蕴藏的风味，尝试着水果转化的各种可能。在不断的探索和尝试中，人们积累对水果的理解，将它们运用到果树的栽培中，不断地优化着水果的风味与品质。

一、概念理解

1. 橘树嫁接的最大优点是（　　）。
   A. 快速繁殖　　　　　　　　　　B. 后代具有更好的适应能力
   C. 保持优良性状　　　　　　　　D. 防止植物病菌的危害

2. 发生洪涝灾害后，桃园内长在地势较低处的桃树往往会发生烂根并死亡，其主要原因是（　　）。
   A. 抑制了根的呼吸作用　　　　　B. 抑制了桃树的光合作用
   C. 破坏了植物的组织器官　　　　D. 造成桃树营养匮乏

3. 无土栽培是一种植物栽培的新技术。草莓在无土栽培的培养液中也能茁壮成长。下列有关叙述错误的是（　　）。
   A. 培养液的浓度大小不会影响青菜对水的吸收
   B. 配置的培养液中的主要成分与土壤溶液中的主要成分相似
   C. 草莓在培养液中吸收营养物质的主要部位是根尖的成熟区
   D. 培养液中含量最高的无机盐是含氮、磷、钾的无机盐

4. 如果要让一颗月季开出不同颜色、品种的花朵，在生产实践中采用的方法是（　　）。
   A. 种子种植　　　B. 扦插　　　C. 嫁接　　　D. 压条

二、技能训练

1. 尝试和你的家人或同学，一起给栽种的橘子、苹果或柿子等果树进行嫁接。通过实践，尝试为不同的果树寻找到最合适的砧木，比一比不同小组嫁接的成功率。

2. 尝试利用光照、温度和二氧化碳等传感器，探究不同浓度的光照强度、温度和二氧化碳浓度对梨（或苹果）植株光合作用速率的影响，并尝试将得出的结论，用来管理学校（或社区）的苗圃。

第 4 节　智慧果园

学习目标

- 了解　物联网
- 了解　传感器的使用
- 尝试　制作滴灌系统
- 了解　人工智能机器人
- 尝试　设计果实分拣装置
- 尝试　制作智慧果园模型

关键词

- 物联网
- 大数据
- 传感器
- 智能调节系统
- 人工智能机器人
- 智慧果园
- 3S 技术
- 互动体验

　　20 世纪 70 年代以来，越来越多的人注意到，农业发展的同时，也带来了一定的生态问题，比如：土壤侵蚀、化肥和农药用量上升、能源危机加剧、环境污染等。面对以上问题，各国开始探索农业发展的新途径和新模式。生态农业便是世界各国的选择，为农业发展指明了正确的方向。勤劳的果农们开始不断地尝试并建立多种多样的生态果园。

　　生态果园是将农业生态系统同农业经济系统综合统一起来的农业生态经济复合系统，以取得最大的生态经济整体效益。它是一种将农业种植、养殖、加工、销售、旅游综合起来，适应市场经济发展、面向未来的生态农业。

果园养鸡，既节省了鸡饲料，又提高了土壤肥力，还减少虫害。　　果树与低矮茶树套种，有效地利用了阳光与土地。

图 1-4-1　生态果园

　　现代农业科技的飞速发展，使果树的栽培有了新的突破，苏州果业也得到了快速发展。在农业现代化过程中，品质、环保、安全、高效、低碳等成为现代果树栽培的重点要求。机械自动化、栽培设施化削弱了自然条件的制约，实现了跨区域引种特早、晚熟品种的推广，填补了地产水果淡季的空白。无土栽培技术极大地扩展了农业生产空间，摆脱了土壤条件的制约。

大棚水蜜桃不再受梅雨困扰　　立体种植节约土地、高产高效

图 1-4-2　现代农业技术

随着技术的不断创新发展，新型智能化生产管理果园慢慢发展起来。它是以物联网与人工智能技术为核心，以"互联网+"与智能装备系统为依托，以果树生长特性大数据分析为基础，构建能有效提升果树的产量和品质、降低生产成本和劳动强度、节能低碳的现代化智慧果园。它也是一种集传感器数据采集、中心计算机汇总分析、设备智能调节与可视化远程控制为一体的现代化智慧温室。

一　传感系统实时监测

智慧果园依靠传感系统对园内光照、温湿度、二氧化碳浓度、培养液 EC 值与 pH 等条件实现实时监测，并将数据汇总到计算机智慧管理系统。

知识链接

物联网是新一代信息技术的重要组成部分，即通过射频识别、红外感应器、全球定位系统、激光扫描器、气体感应器等信息传感设备，按约定的协议，把任何物品与互联网连接起来，进行信息交换和通讯，以实现智能化识别、定位、跟踪、监控和管理的一种网络。简而言之，物联网就是"物物相连的互联网"。

图 1-4-3　传感系统

探究·实践

随着生活水平的提高，越来越多的人喜欢用绿色植物来装饰居所。小明就是其中之一，他甚至在卧室里都摆满了各式各样的绿色植物。但是，很快小明出现了胸闷、头晕等症状，去医院检查也查不出原因，小明感到很困惑，你能帮助他吗？

实验材料

二氧化碳和氧气浓度传感器、数据采集器等。

实验步骤

1. 在待测空间安装传感器，并用数据采集器连接计算机，安装相关软件。
2. 收集 24 小时内待测空间内二氧化碳和氧气的变化数值，并绘制成曲线。
3. 分析数据，得出结论。

解决问题

夜间为何不宜在卧室内摆放大量绿色植物？

知识链接

在一定范围内，二氧化碳浓度的升高对植物的光合作用有促进作用，有利于植物的生长。但是如果二氧化碳浓度过高，反而对植物的生长不利，这样就会影响植物的生长。

同时二氧化碳浓度会影响人类的生活作息，空气中二氧化碳浓度过高、氧气浓度不足时，人会感觉空气浑浊，并开始觉得昏昏欲睡，甚至可能导致头疼、恶心等症状。若二氧化碳严重超标，人可能严重缺氧，造成永久性脑损伤、昏迷，甚至死亡。

二　基于数据的智能调节

计算机的智慧数据库将结合过往参数及现有数据进行比较、分析、预测，制定调整方案并反馈执行，为果树生长创造适宜的条件。

未来果园的调节系统一般包含自动喷洒系统、自动滴灌系统、二氧化碳浓度检测与补充系统、温度湿度监测调节系统、通风与加热系统、条件偏离警报系统、消防系统等。

创客空间

外出旅游时，家里的盆栽植物无人看管，尤其是夏季，植物很快会缺水干枯。你能为你心爱的盆栽设计制作一个简易的自动滴灌补给装置吗？

实验材料

饮料瓶、易拉罐、吸管等（或其他材料）。

实验步骤

1. 设计制作一个自动滴灌补给装置。
2. 根据植物的需求量和外出时间对装置滴灌速度进行调整。

智慧管理系统记录每一个果园的数据，结合最终产量，进行再次智能分析，得出最优方案，反馈给每一个智慧果园，实现数据云共享。不断优化升级的智慧数据库，能为果树生长创造最佳条件，为果园创造最大的经济效益。

三 生产设备自动化、智能化

智慧果园运用机械自动化、人工智能等技术，能有效降低生产成本和减小劳动强度，解决季节性农场劳动力越来越匮乏的难题。

工程实践

图 1-4-5 人工分拣

传统的人工分拣费时费力，请你设计制作一个以区分果实大小为条件的分拣装置，画出设计图，并尝试利用简单的材料将模型制作出来。请对你和你的伙伴做出的分拣装置进行评价。

自动水肥浇灌省时省力

自动清洗分拣节约劳动成本

机械手臂自动采摘

AI 多功能机器人

图 1-4-4 自动化、智能化设备

随着计算机技术、互联网技术、无线通信技术、3S 技术、视频技术等技术的不断发展，打开手机 App，轻轻一点，实现果园远程可视化控制与管理已不再是梦想。

此外，智慧果园在传统育苗的基础上，还配备有组培室，利用植物组织培养技术，培育无毒优质果苗，确保水果风味最佳。果园顶棚可架设太阳能光伏储存电量，满足冬季大棚供暖、阴天补光、设备运作供电等需求，实现新能源利用，低碳环保。

> **知识链接**
>
> 3S 技术是遥感技术（RS）、地理信息系统（GIS）和全球定位系统（GPS）的统称，是空间技术、传感器技术、卫星定位与导航技术和计算机技术、通信技术相结合，多学科高度集成地对空间信息进行采集、处理、管理、分析、表达、传播和应用的现代信息技术。

创客空间

一款"开心农场"的游戏，曾经风靡一时，远离农业生产的人们被这款网络种菜的游戏深深吸引，浇水、施肥、收获的体验让人们乐此不疲。随着现代科技的发展，也许可以将这款虚拟游戏搬到现实生活中。通过手机远程可视化控制这样一个真实的"物联网未来智慧果园"已不再是梦想。请组建你的团队，设计一个智慧果园，并尝试建造一个智慧果园模型，若条件允许，尝试建设一个小型互动体验式智慧果园。

"谁谓今时非昔日，端知城市有山林。"苏州是园林之城，自古以来，这里的人们就喜欢在院前屋后种上各种花草树木，其中不乏橘树、桃树、梨树、枣树、柿子树……水果因为丰富的内涵，不断为人们带来新的惊喜。苏州这片沃土蕴藏着生命的秘密，水果的风味还有无限可能，等待我们去发现。

沏一杯蜂蜜果茶，摆一盘新鲜水果，在这里，在苏州，在太湖畔，听勤劳的果农讲述那"酸"与"甜"的故事。

图 1-4-6　太湖日出美景

本节自我评估

一、概念理解

1. 在果园内，适当的密植可以提高单位面积产量，但是种植过密反而会导致减产，原因是（　　）。
   A. 害虫繁殖　　　B. 杂草生长旺盛　　　C. 种内斗争激烈　　　D. 种内互助

2. 下列措施中，不能提高大棚水果产量的是（　　）。
   A. 适当增加氧气浓度　　　　　　　　B. 适当延长光照时间
   C. 适当增加二氧化碳浓度　　　　　　D. 适当增加光照强度

3. 某果园内因生害虫而影响产量，为不影响水果品质，果农选择不使用农药，而是在果园内养鸡来防治虫害。该果园内鸡与害虫之间的关系是（　　）。
   A. 共生　　　　　B. 捕食　　　　　C. 竞争　　　　　D. 寄生

二、技能训练

酸雨是大气受污染的一种现象，通常 pH 小于 5.6 的雨雪或其他形式的降水（如雾、露、霜等）统称为酸雨。酸雨可导致水体、土壤酸化，对植物、建筑物造成腐蚀性危害。那么，酸雨对植物的影响有多大呢？让我们通过实验来探究这个问题吧。

（1）用你所掌握的方法来配制不同 pH 值的"酸雨"，并利用 pH 传感器检测你配制的结果是否与你的设想一致。

（2）请尝试探究酸雨对种子萌发的影响，并将结果写成报告和同学交流。

（3）说一说你关于治理酸雨的想法和措施。

图 1-4-7　某同学"探究酸雨对花生种子萌发的影响"实验记录图

第1章 果园飘香
——苏州特色水果介绍与果树栽培

一、概念理解

1. 惊蛰是二十四节气中的第三个节气，标志着仲春时节的开始。古语有云"惊蛰一候桃始华"，表明惊蛰节气，桃花盛开。桃花从结构层次上讲属于（   ）。
   A. 细胞　　　　　　B. 组织　　　　　　C. 器官　　　　　　D. 植物体

2. 春节期间，人们总是会在家里备上一些橘子、瓜子、松子等招待客人，它们分别产自橘树、向日葵、松树，这几种植物分别属于（   ）。
   A. 橘树和向日葵是裸子植物，松树是被子植物　　B. 松树和向日葵是裸子植物，橘树是被子植物
   C. 橘树是裸子植物，松树和向日葵是被子植物　　D. 松树是裸子植物，橘树和向日葵是被子植物

3. 草莓（蔷薇科草莓属）、杨梅（杨梅科杨梅属）、水蜜桃（蔷薇科桃属）是人们非常喜爱的水果，关于这三种水果，下列叙述正确的是（   ）。
   A. 属是分类的最基本单位
   B. 科是整个分类系统中最大的分类单位
   C. 草莓与杨梅的亲缘关系比草莓与水蜜桃的亲缘关系近
   D. 草莓与杨梅的亲缘关系比草莓与水蜜桃的亲缘关系远

4. 水果中的营养物质丰富，能为机体提供能量的物质是（   ）。
   A. 水、无机盐和维生素　　　　　　B. 糖类、无机盐和蛋白质
   C. 糖类、脂肪和蛋白质　　　　　　D. 糖类、维生素和蛋白质

5. 水果放在冰箱冷藏柜中，储存时间会更长，其主要原因是低温条件下（   ）。
   A. 可以降低水分的蒸发　　　　　　B. 水果会一直进行光合作用
   C. 能加快细胞分裂的速度　　　　　　D. 水果呼吸作用弱，有机物消耗少

6. 下列对生态果园主要特点的描述错误的是（   ）。
   A. 结构合理，合理种养　　　　　　B. 资源彻底开发
   C. 具有良好的食物链和食物网　　　　D. 资源高效利用

7. 果园内掉落的果实和树叶被果农埋入土中，一段时间后翻开土壤，发现落果和树叶不见了，下列解释最合理的是（   ）。
   A. 被土壤中的蚯蚓摄食了　　　　　　B. 直接被果树的根系吸收了
   C. 通过自身呼吸作用消耗了　　　　　　D. 被分解者分解成水、无机盐和二氧化碳等无机物

二、创客空间

设计制作苏州特色地产水果地图。

（1）与你的团队一起收集苏州特色水果产地、开花及果熟时间的信息。

（2）利用收集的水果产地信息，绘制一份水果地图。在地图上标注开花及果熟时间等信息，以帮助宣传苏州果园观景及采摘活动，为苏州果业发展贡献一份力量。

（3）绘制地图时可以采取手绘、电脑制作或其他形式。

第 2 章 "拔苗助长"
——苏州特色经济作物的快繁与复壮

内容提要

* 植物组织培养的基本知识
* 植物组织培养的基本操作
* 植物组织培养的具体应用

本章学习意义

植物组织培养技术又称快繁技术，增殖速度快，成本低，易于批量生成和管理。你将在本章从理论和实践两个方面全面认识植物组织培养技术，并亲手培育出一株植株。

苏州东西山盛产枇杷。王维德《林屋民风》记道："宋建中初，诏江南枇杷岁次第贡，吴人乃以枇杷配闽中荔枝。"枇杷品种诸多，皮色有浅黄、深黄、淡红，去皮后肉色有青、有白、有红。青或白的称白沙，红的称红沙（大红袍），尤以白沙出名，口感佳。枇杷果肉营养丰富，滋味鲜甜爽口。枇杷叶还可作药用，用于清肺、止咳、润喉等，效果很好。洞庭碧螺春茶，是苏州著名特产，我国十大名茶之一。由于洞庭山地理环境独特，四季花朵不断，茶树与果树间种，使得碧螺春茶具有特殊的花朵香味。苏州地区还有很多特色经济作物：在蔬菜方面，有"水八仙""苏州青""太仓白蒜"等；在果树方面，盛产柑橘、青梅、银杏、枇杷、杨梅、西瓜与葡萄等优质水果。但一段时间以来，这些经济作物却出现数量不断减少、产量持续降低的现象。

那么，我们要采取怎样的措施，才能在短时间内增加这些经济作物的数量？又如何让物种复壮，以提高其产量呢？

第 1 节 植物组织培养的基本知识

利用植物的一块组织，甚至一个细胞，就能培养出完整的植株，依靠的就是植物组织培养技术。运用这种技术，可以实现优良品种的快速繁殖，保持遗传性状的一致；可以培育出大量不含病毒的幼苗，提高作物的产量……这项富有挑战性的工作，不仅会让你学到新的技术，还会带给你非凡的体验。

学习目标

了解　无菌技术
理解　植物组织培养的过程
配制　MS 培养基及灭菌

关键词

- 全能性
- 外植体
- 脱分化
- 再分化
- 愈伤组织
- 植物组织培养

一　植物组织培养的基本过程

我们知道，具有某种生物全部遗传信息的任何一个细胞，都具有发育成完整生物体的潜能，即每个生物细胞都具有**全能性**。图 2-1-1 就是人们利用菊花的茎段培育出菊花的流程图。菊花茎段的细胞是已分化的细胞，首先要经过脱分化形成愈伤组织，然后再从愈伤组织分化形成小植株。**愈伤组织**是一群高度液泡化的无定形的薄壁细胞，它们排列疏松而无规则。这里说的脱分化就是让已经分化的细胞，经过诱导以后，失去其特有的结构和功能转变成未分化细胞的过程。在无菌和人工控制的环境条件下，利用适当的培养基，对植物体的部分材料进行培养，使其生长、分化并再生为完整植株的技术叫**植物组织培养技术**。

图 2-1-1　植物组织培养的流程图

知识链接

MS 培养基是 1962 年由 Murashige 和 Skoog 在培养烟草组织时设计的、目前应用最广泛的一种培养基。其特点是无机盐浓度高，具有高含量的氮、钾，尤其是铵盐和硝酸盐的含量很大，能够满足快速增长的组织对营养元素的需求。

知识链接

琼脂是一种从海藻中提取的高分子化合物，本身并不为植物提供任何营养，加热时变为溶胶，40℃以下时凝固为固体。

图 2-1-2　光照培养箱

二　影响植物组织培养的因素

尽管理论上每个生活的植物细胞都具有全能性，但其表达的难易程度却随植物种类、组织和细胞的不同而异。所以，植物材料的选择，直接关系实验的成败，一般遵循再生能力强、材料易得且消毒容易等原则。如菊花的组织培养，通常选择未开花植株的茎上部新萌生的侧枝。

用于离体培养的植物器官或组织叫**外植体**，它对营养、环境条件的要求比较特殊，需要配制适宜的培养基。常用的一种培养基叫 MS 培养基，其主要成分包括水、无机盐、有机物、支持物和植物生长调节剂。无机盐主要包括大量元素（如 N、P、S、K、Ga、Mg 等）和微量元素（如 Fe、Mn、B、Zn、Cu 等）。有机物如糖类、氨基酸、维生素等。支持物最常用的是琼脂。植物生长调节剂主要包括生长素类、细胞分裂素类、赤霉素类。

生长素类　用于诱导细胞的分裂和根的分化，常用的有吲哚乙酸（IAA）、吲哚丁酸（IBA）、萘乙酸（NAA）、2,4-二氯苯氧乙酸（2,4-D）等。

细胞分裂素类　促进组织细胞的分裂或从愈伤组织和器官上分化出不定芽，主要有 6-苄基嘌呤（6-BA）、激动素（KT）、玉米素（ZT）等。

赤霉素类　有赤霉酸（GA_3）等，具有促进芽增殖和伸长的作用。在高温下极易降解，一般是在过滤灭菌后再加入已经高温灭菌的培养基中。

除了上述因素以外，温度、pH、光照、湿度等也很重要。一般将温度控制在 25℃ 左右，pH 控制在 5.8 左右，光照强度为 3 000 lx~4 000 lx，光周期为光照 16 h/d，湿度要求 70%~80%。利用光照培养箱（见图 2-1-2）可以控制温度、湿度和光照条件。

技能训练

尝试计算 500 mL MS 培养基各成分的用量

某培养基的配方是 MS + 6-BA 2.5 mg/L + NAA 0.5 mg/L + 2.5% 蔗糖 + 0.7% 琼脂粉。

MS 母液的浓度分别是：大量元素 50 倍，微量元素 100 倍，铁盐 20 倍，有机物 100 倍；BA 母液浓度 1.0 mg/mL，NAA 母液浓度 0.5 mg/mL。

要配制 500 mL 该培养基，需要吸取各种母液各多少毫升？分别称取蔗糖、琼脂粉各多少克？（要求写出计算步骤）

> **技能训练**
>
> **尝试配制 500 mL 的 MS 培养基**
>
> **实验材料**
>
> 烧杯、量筒、玻璃棒、电子天平、甩炉、培养瓶、精密试纸、MS 培养基母液、1 mol/L NaOH、1 mol/L 盐酸、蒸馏水等。
>
> **实验步骤**
>
> 1. 计算：按照培养基配方，计算配制 500 mL 培养基时，各种成分的用量。
>
> 2. 称量：准确地称取和量取各种成分。
>
> 3. 溶解：向烧杯内加入适量蒸馏水，再放入蔗糖、母液，边加热边搅拌，完全溶解后，再加入琼脂，继续加热搅拌，直至完全熔化。
>
> 4. 定容：加入蒸馏水将培养基定容至 500 mL，搅拌，关火。
>
> 5. 调 pH：用精密试纸测定培养基 pH 值接近 6.0，可用 1 mol/L 的 NaOH 或盐酸溶液调节。
>
> 6. 分装：将配制好的培养基分装到培养瓶中，厚度约为 1 cm。注意分装时不要把培养基弄到瓶口，以免日后污染。
>
> 7. 封口：盖好瓶盖，标明培养基种类，做好标记。
>
> **注意事项**
>
> 1. 量取少量或微量的液体时一般采用移液枪（见图 2-1-3）。
>
> 2. 培养基配好后需边加热边搅拌，以防培养基焦糊或溢出。
>
> 3. 培养基分装前要测试 pH，使其接近 6.0。

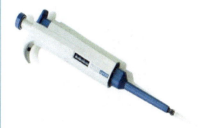

图 2-1-3　移液枪

三　无菌技术

防止微生物污染是植物组织培养技术的重要一环，也是实现培养目的的关键，主要包括以下几个方面。

1. 对实验操作的空间、操作者的衣着和手，进行清洁和消毒。

2. 对用于组织培养的器皿、接种工具和培养基等，进行灭菌。

3. 为避免周围环境微生物的污染，实验操作应在酒精灯火焰附近进行。

4. 实验操作时应避免已经灭菌处理的材料用具与周围的物品相接触，一般在超净工作台上进行。

> **科学思维**
>
> 灭菌是彻底杀菌，消毒是非彻底杀菌。想一想，生活中有哪些措施是灭菌，哪些措施是消毒？如何检验你在配制培养基时的灭菌是合格的？

实验室常用的消毒和灭菌方法

酒精消毒：75% 的酒精适用于一般物体表面消毒，皮肤消毒。

灼烧灭菌：酒精灯外焰充分燃烧，可迅速彻底地灭菌。

高压蒸汽灭菌：高压蒸汽灭菌锅（见图 2-1-4）在压力为 100 kPa，温度为 121℃的条件下，维持 15～30 min，可对培养基进行灭菌。

紫外线灭菌：接种室、超净工作台（见图 2-1-5）在使用前可用紫外线照射 30 min。

过滤灭菌：对在高温条件下不稳定或容易分解的物质进行灭菌（见图 2-1-6），如植物生长调节剂。

图 2-1-4　高压蒸汽灭菌锅

图 2-1-5　超净工作台

图 2-1-6　细菌过滤器

技能训练

尝试对配好的 MS 培养基进行灭菌

实验步骤

1. 加水：打开锅盖，向锅内加水直至淹没电热圈或标记的水位安全线。
2. 装锅：把分装好的 MS 培养基放入锅内。
3. 盖盖：检查密封圈后，盖好灭菌锅的锅盖，对角旋紧螺丝，并检查放气阀有无故障。
4. 通电：接通电源加热。
5. 排气：打开放气阀，注意关闭安全阀，待锅内蒸汽大量喷出时再关闭。
6. 加压：冷空气排尽后，继续加热，当锅内压力上升到 0.1 MPa、温度达到 121℃时开始计时，15～20 min 后切断电源。
7. 降压：停止加热后，待压力降到 0.05 MPa 时，打开放气阀缓慢放出蒸汽。
8. 冷却：待压力表指针恢复到 0 时，打开锅盖，取出培养基，置于水平的工作台上。

注意事项

　　因培养基原料和盛装容器均带菌，而且在分装和封口过程中也会引起污染，故分装封口后的培养基一定要立即灭菌，否则会造成培养基的污染。因故不能及时灭菌，应放入冰箱中保存，在 24 h 内完成灭菌。

一、概念理解

1. 用文字和箭头写出通过植物组织培养获得完整植株的概念图。

2. 在植物组织培养过程中，愈伤组织的形成和形态发生是十分关键的一步。而这除需要必备的营养和一些刺激因素外，还需要有起诱导作用的物质，它是（　　）。
   A. 铜、锌等微量元素　　　　　　B. 细胞分裂素和生长素
   C. 蔗糖和葡萄糖　　　　　　　　D. 维生素和氨基酸

3. （多选）下列生理过程中细胞出现了特定结构和功能的是（　　）。
   A. 细胞分裂　　　B. 细胞分化　　　C. 脱分化　　　D. 再分化

二、技能训练

矮牵牛是观赏花卉，生产上常用组织培养繁殖，下表是在不同条件下矮牵牛不同部位组织培养结果。请结合实验结果和有关知识回答。

表2-1-1　不同条件下矮牵牛不同部位组织培养结果表

外植体	浓度/mg·L-1		一周后	1月后		40天后
	6-BA	NAA		丛芽	不定根	
叶	2	0.2	愈伤组织	大量	无	大量无根试管苗
	0.5	0.2	愈伤组织	少量	少量	少量试管苗
	0	0.2	愈伤组织	无	大量	大量不定根
	0	0	愈伤组织	无	无	死亡
茎尖	2	0.2	愈伤组织	大量	无	大量无根试管苗
茎段	2	0.2	外植体膨大	愈伤组织	大量丛芽	

（1）培养基接种前需要对外植体进行　　　　　处理，培养基进行　　　　　处理，以防止污染。

（2）从表中结果可知，选择　　　　　作外植体，6-BA浓度为　　　　　，NAA浓度为　　　　　时可以获得大量的无根试管苗。

（3）培养基中，NAA属于　　　　　类生长调节剂。无根试管苗在移栽前需要诱导生根，诱导生根的培养基中一般不加入　　　　　（填"6-BA"或"NAA"）。

三、科学思维

1. 为什么用一段菊花的茎段能够培养出一株完整的菊花？

2. 进行组织培养必需的条件有哪些？作用分别是什么？

第 2 节 菊花的组织培养

学习目标

观察 外植体的变化
掌握 无菌技术
实践 菊花外植体的消毒与接种

关键词

- 消毒
- 接种
- 移栽

"采菊东篱下，悠然见南山。"菊花不仅以它的清新脱俗被文人雅士寄情，也是进行组织培养的好材料。下面我们以菊花为材料来进行组织培养实验。

一 实验操作

（一）配制 MS 固体培养基

按上一节要求配好培养基，由于菊花茎段的组织培养比较容易，因此可以不必添加植物激素，注意及时对培养基进行灭菌。

（二）外植体消毒

取菊花生长旺盛的嫩枝茎段，用流水冲洗 10~30 min 后，放入体积分数为 75% 的酒精中 30 s。用无菌水清洗 3 次，取出后用无菌吸水纸吸干外植体表面水分，放入质量分数为 2% 的次氯酸钠溶液浸泡 10 min，其间要不断振荡。取出后，在无菌水中漂洗 3 次，用无菌吸水纸吸去多余水分，待用。

（三）接种

接种前打开超净工作台的紫外灯消毒 30 min，然后在超净工作台正常工作 30 min 后开始接种。

首先用 75% 酒精棉球擦拭双手和台面（见图 2-2-1），然后点燃酒精灯。注意操作时尽量不要讲话。所有的接种操作都必须在酒精灯火焰附近进行，且每次使用器械后都需要用火焰灼烧灭菌。

图 2-2-1 手和台面的消毒

将消过毒的菊花茎段在无菌培养皿中剪成长约 0.5 cm~1 cm 小段。左手持瓶，右手打开瓶盖，然后用镊子夹取菊花茎段，插入培养基中（见图 2-2-2）。每瓶接种 1~3 个茎段。

　　剪苗　　　　　　　　　　接苗

图 2-2-2　接种

接种后，将瓶盖和瓶口在火焰上方灼烧数秒钟。用记号笔在瓶壁上注明材料名称、接种日期等信息。

技能训练

尝试进行菊花外植体的消毒与接种操作

实验材料

生长旺盛的菊花嫩枝茎段、75% 的酒精、2% 的次氯酸钠溶液、无菌水、烧杯、酒精灯、剪刀、镊子、培养皿、灭过菌的培养基、记号笔等。

实验步骤

1. 外植体消毒。
2. 接种。

表 2-2-1　菊花茎段接种考核标准

项目	标准	分值	得分	教师评价
接种前	个人消毒和防护正确	10		
	手及台面消毒正确	10		
接种	接种工具灭菌规范	15		
	外植体修剪大小适宜	15		
	接种时无交叉污染动作	15		
	封口操作正确	15		
接种后	标记准确	10		
	现场清理符合要求	10		

（四）培养

接种后的培养瓶最好放在光照培养箱中培养（见图 2-2-3）。培养温度控制在 22℃～28℃，并且保证 12 h/d 的光照。每隔 5～7 d 观察实验现象并记录。

图 2-2-3　培养中的组培苗

图 2-2-4　移栽后的幼苗

图 2-2-5　开放的菊花

（五）移栽

移栽生根的菊花试管苗前，应先拧松培养瓶，让试管苗在培养间生长几天。然后用流水清洗根部的培养基，将幼苗移植到消过毒的蛭石或珍珠岩等环境下生活一段时间，等幼苗长壮后再移栽到土壤中（见图2-2-4）。

（六）栽培

将幼苗移栽后，每天观察并记录幼苗生长情况，适时浇水施肥，直至开花（见图2-2-5）。

二 结果分析与评价

1. 接种5~7 d后，观察外植体的生长情况，你的外植体被污染了吗？如果有，请分析外植体被污染的原因。

2. 你培养出愈伤组织了吗？你培养出的愈伤组织进一步分化出根和芽了吗？这期间一共经历了多少天？填好观察记录表，并分析结果。

3. 幼苗移栽到露地后，能够正常生长吗？

图2-2-6 组培中出现的问题

> **科学思维**
>
> 你的组培中出现了图2-2-6中的这些问题吗？感兴趣的同学可以查阅资料了解这些问题的发生及解决方法。

图2-2-7 经组织培养的矮牵牛

三 课题延伸

一般来说，容易进行无性繁殖的植物，也容易进行组织培养，如秋海棠、月季、落地生根等。你可以从中选择一种你喜欢的植物，进行组织培养（见图2-2-7）。

市场上有一种叫作"手指植物"的工艺品很受欢迎（见图2-2-8），这些植物培育在装有彩色固体培养基的小瓶中，只要给予充足的光照和适宜的温度就可以生长很长一段时间。想一想，应用本课程的技术，能否自己制作这样的工艺品？

如果有商店出售此工艺品，你可以做个市场调查，了解它的销售情况以及受欢迎程度，核算一下成本和经济效益，尝试设计产品和制作，可在校园里进行义卖。

图2-2-8 "手指植物"

一、概念理解

下列关于植物组织培养的叙述，错误的是（　　）。

A. 培养应在无菌条件下进行
B. 外植体可以来自植物的任何细胞
C. 分别以花粉和茎段作为外植体得到的植株不同
D. 不同阶段的培养基中细胞分裂素和生长素的比例不同

二、技能训练

为了探究 6-BA 和 IAA 对某菊花品种茎尖外植体再生丛芽的影响，某研究小组在 MS 培养基中加入 6-BA 和 IAA，配制成四种培养基（见下表），灭菌后分别接种数量相同、生长状态一致、消毒后的茎尖外植体，在适宜条件下培养一段时间后，统计再生丛芽外植体的比率（m），以及再生丛芽外植体上的丛芽平均数（n），结果如下表。

表 2-2-2　不同条件下某菊花品种茎尖外植体再生丛芽组培结果表

培养基编号	浓度 /mg·L-1		m/%	n/个
	6-BA	IAA		
1	0.5	0	76.7	3.1
2	0.5	0.1	77.4	6.1
3	0.5	0.2	66.7	5.3
4	0.5	0.5	60.0	5.0

回答下列问题：

（1）按照植物的需求量，培养基中无机盐的元素可分为 _____ 和 _____ 两类。上述培养基中，6-BA 属于 _____ 类生长调节剂。

（2）在该实验中，自变量是 _____，因变量是 _____，自变量的取值范围是 _____。

（3）从实验结果可知，诱导丛芽总数最少的培养基是 _____ 号培养基。

（4）为了诱导该菊花试管苗生根，培养基中一般不加入 _____（填"6-BA"或"IAA"）。

三、科学思维

培育愈伤组织需要光照吗？你可以在尝试愈伤组织培养时进行有光和无光的比较，来验证你的推测。

四、创客空间

尝试制作"手指植物"的工艺品。思考并讨论以下几个问题：

（1）这些植物培育在装有彩色固体的培养基中，如何使得培养基有颜色？选择颜料时应考虑哪些因素？加入培养基应该在灭菌前还是灭菌后？

（2）你将选择什么样的容器来装培养基？选择容器时除了考虑美观和成本外，还应该考虑哪些因素？

（3）你会选择什么植物作外植体，你考虑的要素有哪些？

第 3 节　苏州特色经济作物的繁育

学习目标

认识　苏州特色经济作物
了解　经济作物减产的原因
尝试　茶树的快繁与脱毒

关键词

- 经济作物
- 快繁
- 作物脱毒

苏州不仅人杰地灵，还是美食家的天堂。苏州的东山、金庭，物产丰富，一年四季瓜果湖鲜，数不胜数。远近闻名的经济作物有洞庭碧螺春、杨梅、枇杷、橘子、板栗、银杏……

一　苏州特色经济作物种类繁多

碧螺春茶是中国十大名茶之一，属于绿茶类，已有1 000多年历史。因产于江苏的洞庭山区，故又称"洞庭碧螺春"。东西洞庭山均为果茶间种。这里，太湖碧水，烟波浩渺。茶树与枇杷、橘子、杨梅等果树交错相间，枝叶相连，根脉相通；从果树枝叶中透过来的稀疏阳光，浸透着花果之香，真是"入山无处不飞翠，碧螺春香百里醉"。加工成碧螺春的茶树，属于山茶科山茶属，多年生常绿木本植物。

图 2-3-1　碧螺春茶

杨梅，杨梅科杨梅属，小乔木或灌木植物，枝繁叶茂，树冠圆整，初夏又有红果累累，十分可爱，是园林绿化结合生产的优良树种。果味酸甜适中，既可直接食用，又可加工成杨梅干、酱、蜜饯等，还可酿酒，有止渴、生津、助消化等功能。民间还有食用经高度白酒浸泡过的杨梅来治疗细菌性腹泻的方法。

图 2-3-2　杨梅

枇杷，蔷薇科枇杷属，常绿小乔木，小枝粗壮，黄褐色，密生锈色或灰棕色绒毛。枇杷与大多数果树不同，在秋天或初冬开花，果实在春天至初夏成熟，比其他水果都早，因此被称为"果木中独备四时之气者"。成熟的枇杷味道甜美，营养颇丰，除了鲜吃外，亦有以枇杷肉制成糖水罐头，或以枇杷酿酒的做法。枇杷叶亦是中药的一种，以枇杷叶晒干入药，有清肺胃热、降气化痰的功用，常与其他药材制成"川贝枇杷膏"。枇杷花还可酿枇杷蜜。

实践活动

走访附近果农、茶农，向他们了解果树、茶树的栽培现状，并写出调查报告。

图2-3-3 枇杷

二 苏州特色经济作物的快繁与复壮

在自然界中，病毒侵染植物的现象非常普遍，不仅一种病毒可以侵染多种植物，而且同种植物又可被多种病毒侵染。随着栽培时间的延长，病毒在作物体内逐年积累，对作物的危害程度会越来越严重，导致作物产量降低，品质变差。

科学家发现，植物茎尖病毒很少，甚至无病毒。因此，切取一定大小的茎尖作外植体进行组织培养，可以获得脱毒苗。用脱毒苗进行繁殖，种植的作物就不会或极少感染病毒。

实践证明，在目前的技术条件下，培育和栽培无病毒种苗是防治作物病毒病害的根本措施。同时栽培无病毒种苗不仅会增强作物的适应能力和抗逆能力，提高作物的产量和品质，而且脱毒苗的应用还能减少农药的使用，对生态环境的保护、健康农产品的生产和农业的可持续发展也具有十分重要的意义。现在世界大多数国家已经开始重视这方面的研究。

图2-3-4 组培苗的工厂化生产

知识链接

植物组织培养技术作为植物细胞工程的基础，除了对植物进行快速繁殖、获得无病毒的植株以外，在细胞产物的工业化生产、转基因作物的培育与育种方面都有着广泛的应用前景。

资料1：苏州洞庭碧螺春茶树组织培养条件（mg/L）

启动培养基：MS+6-BA2.5+NAA0.5+GA_3 0.3 +4.0% 蔗糖

增殖培养基：MS+6-BA5.0+NAA0.1+5.0% 蔗糖

生根培养基：1/2MS+IBA5.0+2.0% 蔗糖

图 2-3-5 组培中的茶树茎尖

科学思维

想一想，如果你用茶树的茎尖成功获得了组培苗，怎样检测它是否是脱毒苗？

社会责任

"绿水青山就是金山银山。"运用植物组织培养技术开展实践活动，用我们的成果来装扮我们的校园，指导苏州地区农产品的繁育。

技能训练

尝试根据资料 1，完成培养基的配制和灭菌。

资料 2：茶树外植体消毒方法

将采集的茶树枝条的腋芽在适量的洗衣粉溶液中洗涤 5 min，自来水下冲洗 2 h。无菌条件下腋芽外植体用 75% 酒精消毒 30 s，再用 0.1% 升汞消毒 8 min，后用无菌水冲洗 5~6 次，剥去已展开的芽鳞和部分幼叶，切去腋芽基部 1 mm~2 mm，取 3 mm~5 mm 长的茎尖接种到启动培养基上。

技能训练

尝试根据资料 2，完成茶树外植体的消毒与接种。

三 结果分析与评价

1. 接种 1~2 周后，观察外植体的生长情况，你的外植体培养有异常吗？如果有，请记录现象，查找资料分析原因并尝试改进方法。

2. 如果一瓶中接种了多个外植体，有的被污染，有的未被污染，如何进行补救？

植物组织培养成为生物科学的一个广阔领域，不仅在农业生产中得到越来越广泛的应用，还在基础理论的研究上占有重要地位。虽然组培育苗存在成本高、技术复杂等问题，但是随着科学技术的不断发展，组培苗将在未来植物繁育中占有重要地位。

植物组织培养技术发展至今，已经建立了一套完整的理论体系和技术体系，并正在向纵深发展：一是扩大在各种重要经济植物上的研究；二是加强生长、生化机理和遗传变异的研究；三是从细胞和分子水平上开拓研究内容，如细胞器的移植、DNA 导入、基因工程等。

希望对植物组织培养技术感兴趣的你，通过这里打开一扇通向科学殿堂的门，走向远方。

一、概念理解

1. 下图为培育甘蔗脱毒苗的两条途径，研究发现经②过程获得的幼苗脱毒效果更好。下列相关叙述错误的是（　　）。

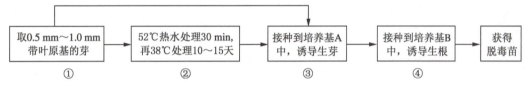

A. 带叶原基的芽与植物体其他组织中的病毒含量相同

B. ②过程的作用是使组织中的病毒在图中处理温度下部分或全部失活

C. 过程③④所用培养基中生长素和细胞分裂素的含量和比例不同

D. 上图中脱毒苗的培育过程体现了植物细胞的全能性

2. 科研人员研究了马铃薯茎尖外植体大小对幼苗的成苗率和脱毒率的影响，结果如下图所示。下列相关叙述错误的是（　　）。

A. 培育脱毒苗所依据的原理有基因突变和细胞全能性

B. 培育脱毒苗的过程中涉及脱分化和再分化两个阶段

C. 实验结果表明茎尖越小脱毒率越高，成苗率越低

D. 根据本实验，培育脱毒苗时茎尖的适宜大小约 0.27 mm

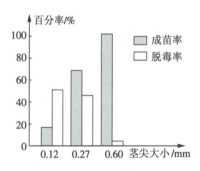

二、技能训练

铁皮石斛是中国特有的名贵药材，有关铁皮石斛的研究已成为国内外生命科学研究的热点和前沿，近几年来对铁皮石斛培植的研究已取得了很大的进展。根据材料回答下列问题：

（1）铁皮石斛有性生殖繁殖率很低，所以繁殖常用无性繁殖方式进行，如分株、扦插，也可用现代生物技术如＿＿＿＿＿＿的方式进行繁殖。通过此方法利用茎尖繁殖的植株几乎无病毒，主要原因是＿＿＿＿＿＿。若取同一株铁皮石斛不同部位的细胞进行培养获得的愈伤组织的基因型＿＿＿＿＿＿（填"一定相同""一定不同"或"不一定相同"）。

（2）某小组为研究培养铁皮石斛的培养基中蔗糖和光的各自作用，进行了对照实验，结果如下：

培养条件	加蔗糖	不加蔗糖
光	正常生长，分化	不生长，死亡
暗	只生长，不分化	不生长，死亡

根据以上实验结果，你得出的结论是＿＿＿＿＿＿。

三、科学思维

1. 木本植物外植体消毒，与草本植物相比有哪些不同？
2. 配制添加激素的培养基，需要注意的事项有哪些？

一、概念理解

1. 为了给工厂化繁殖脱毒甘薯苗提供技术支持，科研人员利用植物组织培养技术研究了甘薯茎尖大小对诱导分化苗和脱毒苗的影响，结果如下表所示，相关叙述错误的是（   ）。

处理的外植体	外植体数/个	分化苗数/苗	脱毒苗数/苗
小于 0.3 mm	20	1	1
0.3 mm～0.5 mm	20	10	7
大于 0.5 mm	20	13	4

A. 为防止细菌污染，应对外植体进行消毒

B. 脱分化时，应给予适宜光照诱导基因表达

C. 根据培养阶段的不同，调整培养基中激素比例

D. 0.3 mm～0.5 mm 大小的茎尖有利于培养脱毒甘薯苗

2. 青蒿素被誉为"世界上唯一有效的疟疾治疗药物"，几乎不溶于水，且对热不稳定，所以提取工艺一直难以突破。中国科学家屠呦呦因在抗疟疾药物青蒿素的提取方面做出了突出贡献，获得 2015 年诺贝尔生理学或医学奖。下图为组织培养获得含青蒿素较高的黄花蒿的基本流程。请回答下列问题：

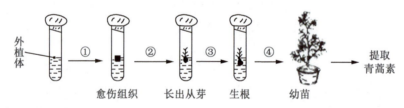

（1）植物组织培养的主要原理是_____。外植体通常选取黄花蒿的分生区组织的原因是_____。

（2）图中①②代表的生理过程分别是_____。过程②和过程③使用的培养基中，细胞分裂素比例较高的是_____。

（3）某小组得到的黄花蒿幼苗叶片颜色为黄色，可能的原因是培养基中没有添加_____元素，也可能是_____。

（4）从黄花蒿中提取青蒿素宜采用_____（填"高温"或"低温"）条件下_____（填"水蒸气蒸馏"或"乙醚萃取"）的方法。

二、技能训练

1. 简述培养基配制的基本过程。

2. 简述菊花茎段的消毒过程。

3. 简述菊花茎段接种时避免污染的操作注意事项。

三、科学思维

1. 在植物组织培养实验中，造成污染的因素有哪些？

2. 用植物体的茎、芽、叶培育植株属于无性繁殖还是有性繁殖？若用植物的花药进行组织培养，遗传性状和上述的植株一样吗？

3. 为什么茎尖培养可以获得无病毒的植株？

第 3 章 "玫""桂"有约满庭芳
——玫瑰与桂花的栽培与应用

内容提要

* 玫瑰及玫瑰文化，桂花树及桂文化
* 以玫瑰和桂花为材料制作美食
* 提取植物精油
* 叶脉书签的制作
* 桂花树常绿的原因
* 制作 DNA 项链

本章学习意义

通过本章的学习，你将会运用跨学科思维来解决实际问题。你会对"玫""桂"有更深入的认识，感受到"玫""桂"已经融入了苏州人的生活之中，并已经对我们的生活造成了积极的影响。

花，生活中随手可得之美。每个时节，都有花儿的绽放。古往今来，无数文人墨客赏花，咏花，寄情于花。"美艳玫瑰夏初芳，仪态轻盈逾海棠。"玫瑰，以其花香、色艳、带刺而被人们所熟悉。生活中，玫瑰承载了太多的文化寄托，成为美的代表、爱的象征、幸福的代名词。"桂子繁华无四时，金蕊重重满庭香。"在苏州，大街小巷、房前屋后、亭台楼阁间总可见桂花的身影，桂花更是苏州市的市花。

花，以其美丽的形态、绚丽的颜色、芬芳的气息吸引并感染着我们，令人赞叹大自然的美好。通过本章的学习，你将了解玫瑰与桂花的生物学特性以及花语；学会识别不同品种的玫瑰和桂花；了解玫瑰和桂花在苏州人日常生活中的作用，从而明白妖娆多姿、芬芳满庭的花儿是在为谁妩媚。

第3章 "玫""桂"有约满庭芳
——玫瑰与桂花的栽培与应用

第1节 玫瑰及其文化

古汉语中,"玫瑰"一词原意是指红色美玉。关于玫瑰花名字的由来,《说文》中有:"玫,一曰石之美者";"瑰,玫瑰也"。司马相如《子虚赋》也有"其石则赤玉玫瑰"的说法。长久以来,玫瑰就象征着美丽和爱情。

一 玫瑰的生物学特征

玫瑰是蔷薇科蔷薇属植物,属落叶灌木,枝杆多针刺,奇数羽状复叶,小叶5~9片,椭圆形,有边刺。花瓣倒卵形,重瓣至半重瓣,花有紫红色、白色,果期8~9月,扁球形。玫瑰喜阳光充足,日照充分则花色浓,香味亦浓。

人们在很多场合通过送玫瑰花表达情感,烘托氛围。但是,你可知道,一些商家所售卖的"玫瑰"可不是真正的玫瑰,而是月季。那么,玫瑰和月季有何不同呢?

学习目标

识别 玫瑰和月季
了解 玫瑰的文化特点
说出 玫瑰的价值
操作 玫瑰的繁殖

关键词

- 玫瑰
- 月季
- 繁殖方法

技能训练
区别玫瑰和月季

实验材料
纸、笔、相机等。

实验步骤
1. 查阅资料,了解玫瑰和月季的区别。并和小伙伴们分享交流。
2. 实地观察玫瑰和月季,从叶片数量、叶片光泽、花型、刺等方面观察并记录特征。可以用相机拍一些图片并分类整理。
3. 尝试设计一张表格,将观察结果整理在表格中。
4. 同学间交流所观察和记录的结果。

图3-1-1 玫瑰

图3-1-2 月季

玫瑰和月季都属于蔷薇科蔷薇属,玫瑰一般5~6月开花,月季四季开花,又称月月红。玫瑰羽状复叶,无光泽,小叶5~9片;月季羽状复叶,有光泽,小叶3~5片。玫瑰的刺细小,分布广;月季的刺少,分布稀疏。月季花较大,颜色多样;玫瑰花较小,一般为粉红色。

二 玫瑰的繁殖

玫瑰栽植大多以地栽为主，也有少量盆栽。玫瑰可采用播种、扦插、分株、嫁接等方法进行繁殖，但比较简单的是采用分株法和扦插法。

分株法

可于春季或秋季进行。选取生长健壮的玫瑰植株连根掘取，据根的生长状况，从根部将植株分割成数株，分别栽植即可。一般可每隔3~4年进行一次分根繁殖。

图3-1-3　扦插

扦插法

春、秋两季均可进行。玫瑰的硬枝、嫩枝均可作插穗。硬枝扦插，一般在2~3月植株发芽前，选取2年生健壮枝，截成15厘米的段子作插穗，下端斜切，插入无菌、湿润、疏松的泥炭藓和珍珠岩混合基质中。一般扦插可于1个月左右生根，然后及时移栽养护。亦可于冬季修剪植株时进行冬插。用适宜浓度的生根粉处理，可提高插条的生根率。

嫁接法

一般选用野蔷薇、月季作砧木，于早春3月用劈接法或切接法进行。

图3-1-4　嫁接

种子繁殖

单瓣玫瑰可用种子繁殖。当10月种子成熟时，及时采收播种；或将种子沙藏至第二年春播种。复瓣玫瑰常不结果实，因此不适宜用种子繁殖。

三 玫瑰的栽培管理

玫瑰在我国有2 000多年的栽培历史，目前在全国各地均有种植。栽种之前，对土壤进行适当的消毒处理，消毒之后对土壤多次翻晒，以防止土壤中残留的药物损害玫瑰花的根须。种植之后，定期给玫瑰花施肥和浇水。适当的肥料能够补充玫瑰花生长过程中所需的营养物质，而充足的水分则能够使其花色饱满、品质提升。开花之后，要及时修剪衰老、多余的枝叶，以避免枝叶过于茂盛而造成玫瑰枝条营养不良，从而导致玫瑰瘦弱直至最后枯死。

玫瑰花在生长过程中，可能会发生各种不同的病害，主要有锈病、白粉病、褐斑病等。在栽培的过程中，可摘除病芽并将病芽深埋处理以防治锈病的发生和蔓延，也可以在病害发生之前或者发生期间喷洒对应的药物。

图3-1-5　种子繁殖

四 玫瑰的用途

提起玫瑰，就想到玫瑰象征着浪漫和爱情。其实，玫瑰还有很多其他的用途呢！比如，可以用来制作美味的玫瑰粥。有人说："经常食用玫瑰粥，可以促进血液循环，让皮肤红润、细腻。"但这样的说法还须找到更多对应的证据来证明。还可以将玫瑰花瓣晒干制成香囊，放在车里或者是房间里，经常闻一闻玫瑰花的香味，起到舒缓紧张的作用，让人神清气爽。同样，用晒干的玫瑰花瓣来泡澡，玫瑰的天然成分可滋润皮肤，还会让人带有清新的花香。玫瑰泡的茶甜香扑鼻、香气浓郁，中医认为，玫瑰花茶具有理气和血、润肤养颜的功效……你还知道玫瑰其他的用途吗？

玫瑰酱不仅颜色漂亮，味道芳香，而且具有一定的美容效果。与传统的番茄酱比较起来，自制的玫瑰酱可谓酱中的上品——口感更好，营养更加丰富。自制的玫瑰酱是纯天然绿色食品，没有添加剂。让我们动手做点玫瑰酱，让日常生活多些玫瑰花的色与香，多些健康吧！

> **艺术鉴赏**
>
> 在了解花语的基础上，选择容易获取的花材设计束花、篮花、插花，并说明所适合的场合。

> **知识链接**
>
> 苏州太仓的月季夫人蒋恩钿是中国月季研究者，为中国月季花事业奠下基石。
>
>

探究·实践

自制玫瑰酱

实验材料

新鲜玫瑰花、碎冰糖、蜂蜜、白酒、勺子、洗菜篮、密封的玻璃瓶、一次性手套等。

实验步骤

1. 将玫瑰花瓣洗干净、晾干。瓶子消毒干净后晾干。
2. 带上一次性手套，用碎冰糖将花瓣揉碎。
3. 将一层玫瑰花放入瓶中，再放一层冰糖。依此放好，最后装满瓶子，最上面一层用蜂蜜封口，并加上3小勺白酒，盖上瓶盖保存。
4. 小伙伴间互相展示作品,请家人和同学品尝你寓意亲手酿制的玫瑰酱。

图 3-1-6 玫瑰酱

五 玫瑰文化

中国自古就有"礼仪之邦"的盛誉。为了彰显礼仪，很多场合需要用到鲜花，因为鲜花被人类赋予了太多美好的寓意。送花是一门学问，也是一门艺术，用以传递感情，增进情谊。如考试及第誉"折桂"，送别或赠别则称为"折柳"，献上桃子祝老人长寿，赠人石榴是愿新婚夫妇多子……花语实在太丰富了。如何送出合适的鲜花，需要了解花所蕴含的文化内涵，掌握花语。

> **交流分享**
>
> **讨论与交流**
>
> 交流不同颜色的玫瑰花所代表的文化寓意。
>
> 交流不同数量的玫瑰花所代表的文化寓意。
>
> 交流你所知道的其他的花语。
>
> 注意：恰当的表达方式，能更好地吸引听者的注意。

一、概念理解

1. 玫瑰在分类学上属于（　　）
   A. 芸香科　　　B. 豆科　　　C. 蔷薇科　　　D. 菊科

2. 以下各项中，属于玫瑰特征的是（　　）
   A. 枝条刺少，钩状皮刺　　　B. 叶片颜色光亮
   C. 羽状复叶，小叶 3~5 片　　　D. 小枝密被绒毛，刺多

二、科学思维

尝试栽培几棵玫瑰（或月季），并探究光照、温度、水分、无机盐等条件对玫瑰（或月季）生长的影响。

三、实践应用

1. 选用家里现有的零碎的布料、细绳等做一个玫瑰香囊，送给长辈或自己的小伙伴。

2. 尝试通过扦插或分株来繁殖玫瑰（或月季）。

3. 尝试制作蕃茄酱和玫瑰酱。从色泽、香味、风味等角度对其进行评价。

第 2 节 提取"玫""桂"精油

早在古代，人们就已发现植物的芳香气味能使人神清气爽，亦能增进健康。植物香料的来源广泛，可以从植物的根、茎、叶、花、果实、种子、树皮、树干中提取植物精油。

玫瑰鲜花在清晨摘下后 24 小时内，可提取获得黄褐色的玫瑰精油。大约 5 吨重的玫瑰花朵只能提炼出 2 磅的玫瑰精油，所以玫瑰精油是全世界最贵的精油之一，被称为"液体软黄金""精油之后"。玫瑰精油具有抗菌、抗痉挛、杀菌、净化、镇静等功效。桂花精油一般是从气味浓郁的丹桂和金桂的花瓣里提取出来的。桂花精油对头痛、疲劳都有缓解的作用，同时也是极佳的情绪振奋剂。桂花精油也是很好的空气清新剂，不论是熏蒸还是混入水中喷洒在室内，都是清新空气的很好选择。而在提炼精油过程中分离出来的纯露，除了含有少量精油成分外，还含有植物内的水溶性物质，很容易被肌肤吸收，温和不刺激，香味清淡怡人。你也来尝试提取一小瓶精油和纯露与家人、朋友、同学分享吧！

学习目标
描述　精油提取的原理
进行　"玫""桂"精油提取

关键词
- 精油
- 纯露

数学链接
根据实验结果，计算桂花精油的出油率。

$$出油率 = \frac{精油质量}{原料质量} \times 100\%$$

化学链接
精油一般密度比水小。不溶或微溶于水，易溶于有机溶剂。精油的挥发性很强，精油必须在密封的深色瓶子中贮存，使用后要尽快盖好盖子。

技术链接
精油的提取方法有蒸馏、压榨和萃取等。要根据植物原料的特点来决定提取方法。蒸馏法是精油提取的常用方法。

探究·实践

提取精油

实验材料

电子天平、500 毫升加厚耐热型蒸馏烧瓶、量筒、铁架台、电子调温加热套、蛇形冷凝管、挥发油提取器、锥形瓶、梨形分液漏斗、烧杯、防飞溅护目镜、精油瓶、玫瑰、桂花、蒸馏水等。

实验步骤

1. 安装加料。安装好蒸馏装置。称取适量玫瑰花或干桂花，置于蒸馏烧瓶中，加入蒸馏水 300 毫升。
2. 加热蒸馏。接通电源，打开开关，加热至沸腾后，控制火力，持续蒸馏大约一个小时，烧瓶中产生的含桂花精油的蒸气经过冷凝管冷凝后，形成乳浊液，用锥形瓶收集。
3. 乳浊液分离。在盛有乳浊液的锥形瓶中加入等量的饱和 NaCl 溶液，震荡后倒入梨形分液漏斗中，静置分层。打开分液漏斗活塞，使下层液体从分液漏斗下端流入烧杯中，流入烧杯中的即为纯露，留在分液漏斗中的油即为提取的桂花精油。

拓展延伸

在提取玫瑰、桂花精油的基础上，查阅资料，尝试提取其他植物芳香油，如橙皮精油、薄荷油等。

注意事项

注意玻璃器皿的安全使用。

一、概念理解

1. 举例说出玫瑰精油和桂花精油的用处。

2. 关于植物芳香油的叙述，错误的是（　　）。
   A. 挥发性强，易溶于有机溶剂，一般来说价格昂贵
   B. 都是由天然植物的茎、叶、树干、花、果实和种子等经过萃取而来的浓缩液体
   C. 是植物免疫和维护系统的精华
   D. 被蚊虫叮咬后，只需涂一滴精油就能很快消除疼痛

二、科学思维

1. 提取胡萝卜素和提取玫瑰精油时都需要加热，但用萃取法提取胡萝卜素时，采用的是水浴加热，而用水蒸气蒸馏法提取玫瑰油时是直接加热。其原因是（　　）。
   A. 前者需保持恒温，后者不需要恒温
   B. 前者容易蒸发，后者不容易蒸发
   C. 胡萝卜素不耐高温，玫瑰油耐高温
   D. 前者烧瓶里含有机溶剂，易燃易爆，后者是水

2. 根据本小组的实验结果，计算出油率，分析成功的经验或失败的原因，提出改进意见。

三、实践应用

1. 了解橘皮精油的提取过程，回答下列问题。
（1）提取橘皮精油，常采用 _____，原因是 _____。
（2）提取橘皮精油时，为了提高出油率，首先将橘皮 _____，并用 _____ 浸泡，时间一般在 _____，石灰水的作用是 _____。
（3）压榨过程中，为了使橘皮油易于与水分离，常加入 _____，并调节 _____。
（4）得到压榨液后，先用 _____，然后 _____，再用 _____。此时橘皮油还含有少量的水和果蜡，需 _____，使杂质沉淀，用 _____，其余部分 _____，滤液和吸出的上层橘油合并，成为最终的橘皮精油。

2. 小组合作，尝试提取精油和纯露。

第 3 节 桂花树及其文化

我国桂花的栽培历史有 2 500 年以上。因苏州温暖湿润的气候适合桂花的生长，苏州的原吴县地区成为中国历史上的五大桂花产区之一。作为苏州人，对桂花并不陌生，但你有没有发现这些桂花有什么不同呢？苏州人这么喜爱桂花，桂花又有怎样的文化意蕴和价值呢？

学习目标

识别 不同种类的桂花树及其特点
观察 桂花树的形态结构
了解 桂花树的文化特点
收集 运用互联网收集有关桂花树的信息并分享
讨论 桂花树的价值

关键词

- 丹桂
- 金桂
- 银桂
- 四季桂

 一、桂花树的品种

技能训练

观察桂花树

实验材料
纸、笔、相机、枝剪等。

实验步骤
1. 实地观察桂花树，从花色、花香、叶形、树形等方面观察并记录特征。可以用相机拍一些图片或剪代表性的枝条带回去分类整理。
2. 查阅资料，了解桂花树的常见品种及主要特点。
3. 尝试设计一张表格，将观察结果整理在表格中。
4. 同学间交流所观察和记录的结果。

实验结论
将所剪的枝条贴在纸板上，并标出所属的品种。

注意事项
注意实地观察时的安全。

桂花树经过长时间的自然生长和人工培育，已经演化出很多品种，主要有四个品种：丹桂、金桂、银桂和四季桂。其中，丹桂、金桂和银桂都是秋季开花，统称八月桂。丹桂以橙黄、橙红和朱红色为主，气味浓郁，叶片厚，叶缘尾尖比较长，呈乔木状。金桂花色金黄，气味比丹桂淡，叶片较厚，叶缘有锯齿，比丹桂的叶片宽，呈乔木状。银桂花色较白，花香不是很浓郁，叶片大而薄，叶缘较光滑，呈乔木状。四季桂花色白，四季都能开花，花香最淡，叶缘没有尾尖，植株较矮小，呈灌木状。

艺术鉴赏

欣赏歌曲《八月桂花香》《月桂女神》等。你也可以收集与桂花有关的歌曲、舞蹈，与小伙伴们一起来表演吧！

图 3-3-1　桂花酒

图 3-3-2　桂花糯米糖藕

图 3-3-3　桂花茶

图 3-3-4　桂花酒酿圆子

知识链接

通常所说的"桂"有三种。观赏用的桂花是唇形目、木樨科、木樨属，学名是 Osmanthus fragrans；代表阿波罗的荣耀的月桂是樟目、樟科、樟属，学名是 Laurus nobilis；做香料用的肉桂是樟目、樟科、樟属，其叶为桂叶，皮为桂皮，学名是 Cinnamomum cassia。

二　桂花的文化

在我国，桂花一直是美好、吉祥、高雅、荣誉和收获的象征。如将别人子孙美称为"桂子兰孙"，将获得冠军誉为摘得"桂冠"。我国科举时代，中榜登科被称为"折桂"。而关于桂花的典故、传说也很多，如"吴刚伐桂""蟾宫折桂""桂花仙子""月桂落子""文桂之舟"和"楚霸王与桂树"等。

三　桂花的用途

桂花的用途非常广泛。桂花树在花期时，花开满枝，芳香四溢，具有很高的观赏价值。研究表明，桂花对氯气、二氧化硫等有害气体有一定的吸收能力，同时还有较强的吸附粉尘的能力。桂花的香气可使人舒缓情绪，用桂花沏茶，可使口齿留香，桂花茶还有清热解毒、润肠通便等疗效。因桂花特有的香味，通过现代工艺提炼出的桂花精油，已经作为很多食品和化妆品中的香料添加剂，如糕点、糖果、茶、酒、香皂、香水等。桂花树的材质坚实，不易炸裂，可用桂花树干或根来雕刻各种各样的工艺品。

桂花糖芋艿、桂花酒酿圆子、桂花糖年糕等很多甜点中，糖桂花是必不可少的"点睛之笔"，吃一口，满满的桂花香。咱们苏州的糖桂花可还上过《舌尖上的中国》节目呢。糖桂花是用白砂糖腌制鲜桂花而成，简单的工序却能使桂花长久保存。一起动手来实践吧！

探究·实践

自制糖桂花

实验材料

新鲜桂花、白糖、盐、盆、有盖子的玻璃瓶、勺子等。

实验步骤

1. 找棵干净的桂花树，采摘新鲜的桂花。
2. 将桂花中的花梗、杂物剔掉，稍清洗后于阴凉处晾干，然后加少量盐和桂花搅拌均匀。
3. 瓶子消毒干净后晾干。一层桂花放入，再放一层糖。依此放好，最后装满瓶子，最上面一层用白糖封口，盖上瓶盖保存。
4. 同伴间互相展示自己的作品。

八月桂花香，让我们一起浸润在这馥郁的香味中吧！

一、概念理解

1. 举例说说生活中对桂花美好花语的运用。

2. 在生命系统的结构层次上，月季与人体最主要的区别在于＿＿＿＿层次。
   A. 系统　　　　　B. 器官　　　　　C. 组织　　　　　D. 细胞

二、科学思维

俗话说"八月桂花香"。下列叙述正确的是（　　）
   A. 温度越高，桂花的香味扩散得越慢
   B. 若温度低于0℃，这个现象就消失
   C. 这个现象能说明分子间有相互作用力
   D. 这个现象能说明分子在做无规则的运动

三、实践应用

1. 尝试给你的小伙伴或长辈们做一份桂花美食。

2. 向小伙伴们介绍相关的桂文化。

四、表达交流

1. 收集资料、走访长辈、结合生活经验，跟你的小伙伴分享你对桂花文化的了解，比如桂花的花语、桂花的传说等。

2. 李清照在《鹧鸪天·桂花》中写道："暗淡轻黄体性柔，情疏迹远只香留。何须浅碧深红色，自是花中第一流。"桂花虽然貌不惊人，却以它的独特风韵，令骚人墨客纷纷呈来情诗雅词。请收集与桂花有关的诗词，进行诗词大赛。

第 4 节 制作书签

学习目标

- 描述　叶片的基本结构
- 尝试　分离叶肉和叶脉的实验操作
- 制作　个性化的叶脉书签
- 认同　生物的多样性
- 形成　热爱大自然的情感

关键词

- 叶肉
- 叶脉
- 叶脉书签

植物的叶片丰富多彩，颜色、形状、大小、质地等各不相同。你是否想过将它们以某种形式保存下来，比如可以尝试做一份漂亮的书签，不仅可以陶冶情操，还能增加读书的乐趣。

图 3-4-1　书签 1

图 3-4-2　书签 2

你能给大家介绍下你观察过的植物的叶片吗？叶片由表皮、叶肉和叶脉组成（见图 3-4-3）。叶片的最外层是它的表皮。陆生植物表皮的细胞分泌了一层角质层，角质层能有效地减缓水分蒸发。表皮里面是叶肉细胞，能进行光合作用。贯穿在叶肉细胞间的是由输导组织和机械组织组成的叶脉。

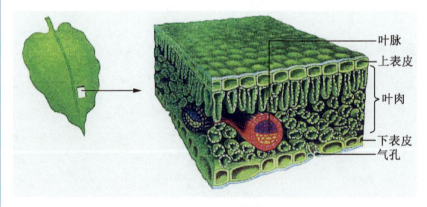

图 3-4-3　叶片的结构

你观察过桂花树叶吗？桂花的叶对生，叶面革质，长椭圆形或椭圆状披针形，全缘或通常上半部具有锯齿。叶脉由主脉、侧脉联结成网状，贯穿于叶肉之中，属于网状叶脉。我们可将叶片用氢氧化钠等碱性溶液加热处理，叶肉和表皮细胞的主要成分是蛋白质和糖类等，在碱性条件下发生水解反应，加热后迅速腐烂，而叶脉由坚韧的纤维素组成，不易腐烂而得以保留。这样可以做成轮廓分明、条纹细腻、薄如蝉翼的叶脉书签，稍加装饰即可成为精美的艺术品。你想尝试一下吗？

数学链接

配置 500 克氢氧化钠溶液，需要氢氧化钠多少克？需要水多少毫升？

探究·实践

制作叶脉书签

实验材料

树叶、酒精灯、三脚架、石棉网、天平、量筒、烧杯、玻璃棒、镊子、培养皿、白瓷盘、软毛牙刷、毛笔、吸水草纸、旧报纸、彩色丝线、氢氧化钠、染色剂、84 消毒液等。

实验步骤

1. 采叶选叶。自主选择叶脉网络清晰的木本植物的完整叶片。
2. 腐蚀叶片。将洗净的叶片浸没在 15% 的氢氧化钠溶液中，用酒精灯外焰加热，沸腾 15~20 分钟，直到叶片变成黄褐色、叶肉酥烂。加热时用玻璃棒轻轻搅动，腐蚀均匀。
3. 去除叶肉。用镊子取出叶片，用清水反复清洗干净。在白瓷盘中放入少量清水，将叶片平放。然后一手固定叶片基部，用软毛牙刷从叶柄到叶尖，顺着叶脉方向轻轻刷洗，去除表皮和叶肉，直到整个叶脉透明无杂质。
4. 漂白染色。小心地将叶片放入 84 消毒液中漂白 3~5 分钟，叶脉颜色变白后用清水漂洗数次，并用旧报纸吸干压平。染色时在瓷盘中倒入少量水彩水等染色剂，均匀染色 3~5 分钟，或直接用毛笔在叶脉上染色。染过色的叶脉可用旧报纸吸干，再夹入旧书中压平保存。
5. 加工装饰。待干爽后，在叶柄上系上彩色丝带或其他有创意的东西，夹在书里继续压平。也可以用塑封膜进行塑封，打孔穿上彩绳彩带，精美的叶脉书签完成啦！

注意事项

1. 氢氧化钠有腐蚀性，要小心操作，不要将溶液弄到皮肤和衣服上。
2. 酒精易燃，注意酒精灯的安全使用。

艺术鉴赏

尝试不同的染色方法，如全染、渐染、片染等，将叶脉染成不同的颜色。将染好色的叶脉配上各类造型书签、个性明信片等进行创意设计制作。

请在下面的方框中，贴上你做的叶脉书签标本吧！

采集时间：_____ 采集地点：_____

植物种类：_____ 标本制作人：_____

一、概念理解

1. 绿色植物叶片的主要结构是（　　）。
   - A. 上表皮、下表皮、气孔
   - B. 上表皮、叶肉、下表皮
   - C. 表皮、叶肉、叶脉
   - D. 保卫细胞、叶肉、表皮

2. 绿色植物叶片呈现绿色的主要原因是（　　）。
   - A. 上表皮细胞含有叶绿体
   - B. 下表皮细胞含有叶绿体
   - C. 叶肉细胞含有叶绿体
   - D. 叶脉细胞含有叶绿体

二、科学思维

选择不同的叶片，尝试制作叶脉书签。你能概括出应该选择怎样的叶片比较适合吗？

三、实践应用

1. 查阅资料，和伙伴们分享你还可以用哪些办法来腐蚀叶片。

2. 尝试用叶片创作作品，如树叶拓印画、叶片压花书签等，并与伙伴们分享。条件允许的话，通过 App 等途径与家人、朋友分享。

图 3-4-4　树叶拓印画

图 3-4-5　树叶压花书签

第 3 章 "玫""桂"有约满庭芳
——玫瑰与桂花的栽培与应用

第 5 节 桂花树冬季为什么不落叶？

为什么很多常绿植物在冬季没有落叶，而有的植物到了冬季会落叶，只剩下光秃秃的枝丫呢？你观察过在冬季哪些植物是落叶的，哪些植物是常绿不落叶的吗？不落叶的可能原因是什么呢？

学习目标

描述　叶片气孔的结构特点
尝试　徒手切片法横切叶片
尝试　使用显微镜观察叶表皮气孔

关键词

- 气孔
- 徒手切片

探究·实践

桂花树冬季为什么不落叶？

实验材料

桂花、玫瑰、石楠、大叶黄杨等常绿植物的叶片，鹅掌楸、银杏、悬铃木等落叶植物的叶片，显微镜，培养皿，刀片，纸片，载玻片，盖玻片，清水，毛笔等。

实验步骤

1. 观察叶片外形，将观察结果记录在观察记录表中。
2. 观察比较叶表皮气孔，将观察结果记录在观察记录表中。
3. 横切叶片，用显微镜观察叶片解剖结构。用夹着纸片的两片刀片，在载玻片上切割叶片，再将刀片之间的细丝放在盛有清水的培养皿中。在显微镜下观察比较两类植物叶片的横切临时装片。将观察结果记录在观察记录表中。

表 3-5-1　观察记录表

植物种类	外形	气孔观察	横切面观察

实验结论

通过对比实验观察，推断桂花树常绿的可能原因。

注意事项

请同学们在实验时注意刀片的安全使用。

技术链接

观察叶表皮时，还可用无色指甲油均匀涂抹在各叶片的下表皮表面。等涂抹的指甲油干了，叶片的局部表面开始翘了起来，用尖头镊子撕取下表皮。在载玻片上滴上甘油，将下表皮涂有指甲油的一面朝下，放在载玻片的甘油中，用镊子展平，盖上盖玻片。用吸水纸吸掉溢出的甘油，然后在显微镜下观察。

桂花等常绿植物的叶子并非永不凋落，只不过叶片寿命比落叶植物的叶片长一些。每年春天都有新叶长出，同时也有部分老叶脱落，但茎上一年四季都保持有新叶。植物叶片在冬季能保持常绿的机理很复杂，请同学们多多关注常绿植物冬季不落叶机理的最新科研进展吧！

一、概念理解

1. 通常叶片的气孔位于（　　）。

   A. 保护组织　　　　B. 输导组织　　　　C. 基本组织　　　　D. 机械组织

2. 盖盖玻片是制作临时装片的关键步骤之一。下图所示各项中，盖盖玻片的操作正确的是（　　）。

二、科学思维

通过观察、实验和查阅资料等方法，了解桂花树一年四季常绿的原因，并撰写一份研究报告。

图 3-5-1　风雪中的桂花树

图 3-5-2　银杏叶

三、实践应用

落叶树到了秋天叶片会变成黄色和红色，你推测是什么因素引起了叶片颜色的改变？你如何来设计实验证明你的观点？

第 6 节 揭开"玫""桂"生命的密码
——制作 DNA 项链

玫瑰、桂花、荷花、梅花等,尽管都是美丽的花,但存在明显的区别。决定不同个体的独特性状的是细胞核中的 DNA。DNA 是许多生物的遗传信息。真实的 DNA 呈什么模样呢?我们可以亲手提取玫瑰、桂花的 DNA,然后设计并制作一条项链,你就可以把玫瑰、桂花的遗传信息戴在身上啦!

学习目标

描述 DNA 分布的场所

说出 DNA 在生物遗传中的作用

学会 通过研磨、过滤等方法提取 DNA

设计 制作 DNA 项链

关键词

- DNA
- 研磨
- 过滤
- DNA 提取

技能训练

制作 DNA 项链

实验材料

玫瑰、桂花、桂花叶、洗洁精、食盐、酒精、研钵、漏斗、烧杯、天平、玻璃棒、纱布等。

实验步骤

1. 研磨破碎细胞。将玫瑰或桂花的花、叶切碎,加入 2 滴洗洁精和 2 克食盐,进行充分的搅拌和研磨。
2. 获取含 DNA 的滤液。将研磨液用两层纱布过滤到烧杯中。
3. DNA 析出。在滤液中加入与滤液等体积的冷却的酒精溶液(体积分数为 95%)。静置 2~3 分钟,溶液中出现白色丝状物,这就是提取的 DNA。
4. 设计制作 DNA 项链。用玻璃棒沿一个方向搅拌,卷起丝状物,用滤纸吸去上面的水分。然后将 DNA 封装到准备好的迷你小瓶子中,系上喜欢的绳子等,制成一条项链。

技术链接

学会研磨、过滤的操作方法。

艺术链接

请将不同形状、不同质地的迷你小瓶子和绳链以及其他装饰品作为材料,创作一条漂亮的 DNA 项链吧!

苏州自古就是一座"美城",山美、水美、花美、人亦美。到苏州不到苏州岭东玫瑰园进行一场花海奇遇,那是辜负了拼命盛开、拼命香的玫瑰。"七里山塘七里船,木樨香里沸歌弦。"秋天不来苏州,不在木樨香里走一遍,那是辜负了苏州的秋。让我们细细品味苏州的花香吧!

图 3-6-1 七里山塘

一、概念理解

1. 中国科学家屠呦呦因在青蒿中发现了抗疟"利器"——青蒿素,获得了2015年诺贝尔奖。青蒿细胞内指导青蒿素形成的控制中心是(　　)。

    A. 液泡　　　　　　B. 细胞质　　　　　　C. 细胞核　　　　　　D. 细胞壁

2. 下列细胞或物质中,不具有DNA的是(　　)。

    A. 成熟的红细胞　　B. 白细胞　　　　　　C. 血小板　　　　　　D. 血浆

二、科学思维

请设计实验来探究用不同的洗涤剂来提取DNA时,如洗发露、沐浴露、洗洁精等,会有什么不同的效果?

三、实践应用

1. 请尝试用类似的方法从香蕉、花菜、橙子中提取DNA。

图3-6-2　花菜中提取的DNA

图3-6-3　橙子中提取的DNA

2. 查阅相关资料,了解"人类基因组计划""后基因组计划"及其进度、应用。

一、概念理解

1. 在观察了桂花叶的外形后,想进一步观察桂花叶的气孔,最好选用（ ）。
   A. 桂花叶的上表皮切片　　　　　　　B. 桂花叶的下表皮装片
   C. 桂花叶片的横切片　　　　　　　　D. 桂花叶片的纵切片

2. 一般来说,桂花叶片正面的绿色比背面要深些,这是因为（ ）。
   A. 靠近叶上表皮的栅栏组织细胞中含有的叶绿体比较多
   B. 靠近叶下表皮的海绵组织细胞中含有的叶绿体比较多
   C. 靠近叶上表皮的栅栏组织细胞中含有的叶绿体比较少
   D. 叶肉细胞排列紧密,无色透明

3. 桂花的花色有橙黄、橙红、金黄、银白等不同的颜色,决定这些花色的因素是（ ）。
   A. 蛋白质　　　　B. DNA　　　　C. 染色体　　　　D. 细胞核

4. 有关 DNA 的叙述,错误的是（ ）。
   A. DNA 的分子结构呈螺旋状　　　　B. DNA 就是染色体
   C. DNA 和蛋白质组成染色体　　　　D. DNA 分子上含有基因

5. 各级公安部门对来历不明、疑是被拐卖的儿童,要及时采血检验后录入全国打拐 DNA 信息库。下列血液的成分中可以获得 DNA 的是（ ）。
   A. 血浆　　　　B. 成熟的红细胞　　　　C. 白细胞　　　　D. 血小板

二、科学思维

通过对多种叶片横切面的观察,你推断在秋天,树木的叶子纷纷飘落在地面上时,一般是哪一面向上?为什么会这样?

三、实践应用

桂花具有丰富的文化内涵,而且品种多,适应性强,深受苏州人喜爱。居不可无桂。请你尝试将桂花和其他绿化树种相互配植,设计一份庭院绿化方案并展示。

第4章 明眸善睐
——眼科学与视力保护及矫正

 内容提要

* 眼的结构
* 视觉如何形成
* 与眼有关的疾病
* 如何保护、矫正视力

 本章学习意义

在获取外界信息的渠道中，视觉是一种重要的途径。学习本章内容后，你将了解眼的结构和视觉的形成过程，与眼有关疾病的初步鉴定和视力的矫正，以及眼的光学原理在生活中的应用。

地球上生命痕迹刚出现的时候，大部分时间都是不见天光的日子。后来单个感光细胞在生物体表面出现了，于是世界变明亮了。有科学家说，这大约发生在寒武纪。

"人唯至灵，乃生双瞳。"眼睛，这个精密得令进化论鼻祖达尔文"直打冷战"的人体构造，它是心灵的窗户，是人们认识大千世界的重要通道，同时也能映射出人的内心世界。它拥有可自动调节光圈（瞳孔）和自动对焦系统（晶状体），内面（脉络膜）能最大程度地避免光线四处散射。不仅如此，它的底片（视网膜）灵敏度超高，不论在白天和夜晚都能捕捉影像，无须临时更改感光度也不用外加滤镜。它还自带图像处理功能（神经网络），成像之后能迅速增强图像反差、调整颜色……这足以令高端相机望尘莫及。

"一寸秋波，千斛明珠觉未多。"这是晏几道《采桑子》中的句子，说的是清眸中浅浅的盈盈秋水。自古以来，眼睛美丽的人就倍受众人青睐。曹植在《洛神赋》中有云："丹唇外朗，皓齿内鲜，明眸善睐，靥辅承权。"其中"明眸善睐"就是说眼睛明亮而灵活。青少年如果不注意用眼卫生，很可能会患近视眼，导致视力下降。

"散乱空中千片雪，蒙笼物上一重纱。"说的是患有眼疾的症状。随着人们工作、学习任务的繁重，眼睛也随之变得疲劳、浑浊，如果不注意保护，可能会导致视力下降或者患眼疾。你周围的人有这样的情况吗？倘若有，你了解眼疾吗？你知道如何治疗吗？

第4章 明眸善睐
——眼科学与视力保护及矫正

第 1 节 眼的结构

人体时时刻刻在获取外界的信息，对不同的刺激作出相应的反应。在获取外界信息的渠道中，视觉是一种重要的途径。人的眼非常敏感，能辨别不同的颜色、不同的光线，再将这些视觉形象信息转变成神经信号，传送给大脑。

一 人眼的结构

人眼由眼球和眼球的附属结构组成。眼球的附属结构包括泪器、睫毛、眼睑、结膜等。眼球的附属结构对眼球具有保护作用。

眼球是眼的主要结构。眼球的构造分眼球壁和内容物两部分，眼球壁分三层，由外向内顺次为纤维膜、血管膜和视网膜。外层（纤维膜）主要包括角膜、巩膜，中层（血管膜）主要包括虹膜、脉络膜、睫状体等，内层主要指的是视网膜。眼球内容物是眼球内一些无色透明的折光结构，包括晶状体、房水和玻璃体。

图 4-1-1 眼

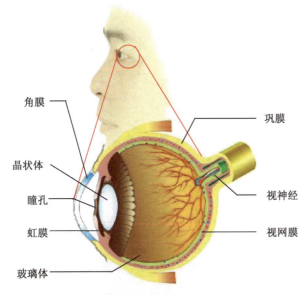

图 4-1-2 眼球的结构

学习目标

了解 眼的结构
调查 动物眼的特殊性
运用 科学方法进行观察

关键词

- 眼的结构
- 视觉趣闻

图 4-1-3 超轻黏土

DIY

制作眼球模型

活动材料
超轻黏土、纸、笔等。

实验步骤
1. 以小组为单位，认识眼球的各个结构。
2. 查阅资料，了解各个结构的功能。
3. 利用超轻黏土制作眼球模型。
4. 各小组展示作品。

二 其他动物眼的结构

青蛙蹲在稻田里，偶尔眨一眨那凸凸的大眼睛，尽管它眼前的禾秆上停着一只飞蛾，它却"熟视无睹"。可是，飞蛾刚一展翅起飞，青蛙就以迅雷不及掩耳之势，向上猛地一跳，张开大口，翻出舌尖，一下子就粘住飞蛾，"勾"进嘴里。这是为什么呢？

图 4-1-4　蛙眼

为了弄清楚为什么青蛙一定要等飞蛾起飞才发动攻击，仿生学家对青蛙进行了特殊的实验研究。原来，蛙眼视网膜的神经细胞分成五类，一类只对颜色起反应，另外四类只对运动目标的某个特征起反应，并能把分解出的特征信号输送到大脑视觉中枢——视顶盖。视顶盖上有四层神经细胞，第一层对运动目标的反差起反应，第二层能把目标的凸边抽取出来，第三层只看见目标的四周边缘，第四层则只管目标暗前缘的明暗变化。这四层特征就好像在四张透明纸上的画图，叠在一起，就是一个完整的图像。因此，在迅速飞动的各种形状的小动物里，青蛙可立即识别出它最喜欢吃的苍蝇和飞蛾，而对其他飞动着的东西和静止不动的景物都毫无反应。

弄清了蛙眼的结构和原理，仿生学家就发明了电子蛙眼。现代战争中，敌方可能发射导弹来攻击我方目标，这时我方可以发射反导弹截击对方的导弹，但敌方为了迷惑我方，又可能发射信号来扰乱我方的视线。在战场上，敌人的飞机、坦克、舰艇发射的真假导弹都处于快速运动之中，要克敌制胜，必须及时把真假导弹区别开来。电子蛙眼和雷达相配合，就可以像蛙眼一样，敏锐迅速地跟踪飞行中的真目标，将目标击落。

鹰的视力非常好，可以看到 800 米远处的一只蜻蜓。如果人要是有这么好的视力，那我们就可以在 30 米远的地方读报纸了。

视网膜上的视觉神经越密集，捕捉到的像点就越多，相应地，影像就更加清晰，这种说法听起来似乎很合乎逻辑。如果动物想拥有和人类相媲美的视力，每平方毫米的视网膜上必须集中有 16 万个

图 4-1-5　电子蛙眼

知识链接

电子蛙眼是电子眼的一种，它的前部其实是一个摄像头，成像之后通过光缆传输到电脑设备显示和保存，它的探测范围呈扇状，能转动，类似蛙类的眼睛。

视觉细胞,但是如果在如邮票般大小的整个视网膜上都分布这么密集的视觉细胞,那简直就是一种浪费。研究发现,视觉细胞只须密集分布在视力敏锐的范围内,也就是我们所说的视网膜中心凹处就可以了。

图 4-1-6　鹰眼

游隼视网膜中心凹处密集分布着 1 300 万个视觉细胞,那么它的视力是不是也是人的很多倍呢?那也不一定,视力的好坏与视觉细胞的数量和结构、神经系统的再加工方式和辅助功能有关。同类型的因素同样也能影响其他感官的效果。

蝴蝶有没有眼睛?答案是有的。不过它们眼中的世界和我们人类眼中的世界是不同的。首先蝴蝶眼中的世界没有色彩。据研究,蝴蝶的眼睛只能看到黑白两色,并且对光很敏感。在紫外线照射下,蝴蝶会对白、红、紫(蓝)和黄色的物体(比如花朵)很敏感。蝴蝶与蛾类一样具有趋光性。蝴蝶有一对复眼,是由一万五千多只小眼睛组成的。它们都呈六角形的楔状,上面大,下面尖,每只小眼睛的侧面都是互相紧密贴在一起的。

图 4-1-7　蝴蝶

图 4-1-8　蝴蝶的复眼

三　视觉趣闻

 眼见一定为实吗?

眼睛是一种视觉器官,它能够让你看到周围环境中的物体。通过眼睛,你可以看书以及窗外的世界。人们常说:眼见为实。眼见一定为实吗?请你观察下面的图片,相信你会有奇妙的感受。

艺术创造

查阅资料,制作一个关于动物眼睛特殊性的调查表(可参考下表)。

表 4-1-1　动物眼睛特殊性调查表

动物名称	眼睛特殊性	画一画
爱斯基摩犬		
乌贼		
青蛙		
山羊		
蝴蝶		
变色龙		
河马		
鳄鱼		
壁虎		
猫头鹰		
其他		

知识链接

单眼是一种结构简单的光感受器。只能感觉光的强弱,不能见物。而复眼主要在昆虫及甲壳类等节肢动物中出现,是一种由不定数量的小眼组成的视觉器官。

1. 看看下图中带箭头的两条横线，猜猜看哪条更长？

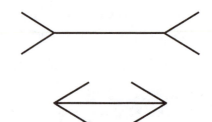

图 4-1-9　错觉图片 1

知识链接

错觉：人们观察物体时，由于物体受到形、光、色的干扰，加上人们的生理、心理原因而误认物象，会产生与实际不符的判断性的视觉误差。错觉是知觉的一种特殊形式，它是人在特定的条件下对客观事物的扭曲的知觉，也就是把实际存在的事物扭曲为与实际事物完全不相符的事物。

2. 下图中的 6 条长线是彼此平行的吗？

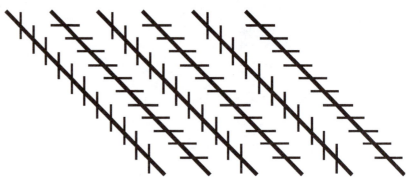

图 4-1-10　错觉图片 2

3. 下图两组圆中，右侧的中心圆要比左侧的中心圆大一些吗？

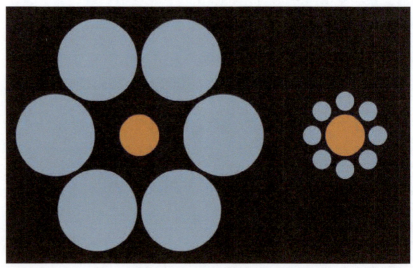

图 4-1-11　错觉图片 3

知识链接

错觉的特点：
1. 错觉是歪曲的知觉；
2. 错觉的出现是有条件的，条件具备，必然产生；
3. 错觉的产生具有固定的倾向。

4. 下图中的两条横线是平行的吗？

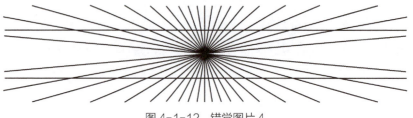

图 4-1-12　错觉图片 4

5. 下图中一圈圈的圆弧是呈螺旋状还是同心圆？

图 4-1-13　错觉图片 5

> **知识链接**
>
> 错觉可以发生在视觉方面，也可以发生在其他知觉方面。如当你掂量一公斤棉花和一公斤铁块时，你会感到铁块重，这是形重错觉；当你坐在正在行驶的火车上，看车窗外的树木时，会以为树木在移动，这是运动错觉；等等。

6. 观察下图，你是不是看到了三角形？

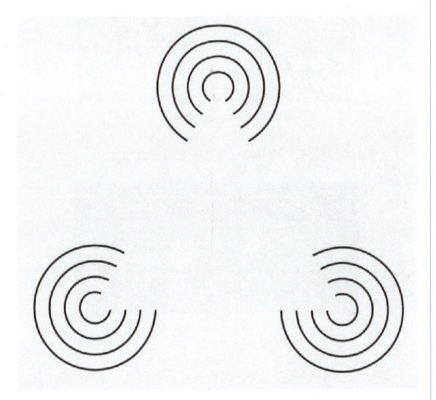

图 4-1-14　错觉图片 6

> **知识链接**
>
> 错觉的种类：
> 1. 几何图形错觉（长短、方向、大小）；
> 2. 形重错觉；
> 3. 视听错觉。

图 4-1-18　哈哈镜

知识链接

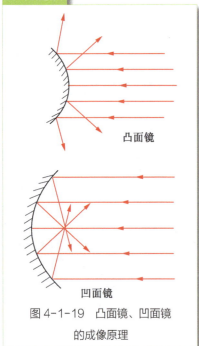

图 4-1-19　凸面镜、凹面镜的成像原理

创客空间

自制哈哈镜

不规则光线的反射与聚焦，会使人产生错觉。你照过哈哈镜吗？它会让你一会变胖，一会变瘦，非常好玩。我们可以自己制作简易哈哈镜。

活动材料

硬纸板卡纸模板盒、铝箔镜片等。

实验步骤

1. 将卡纸裁剪成如下图所示形状。

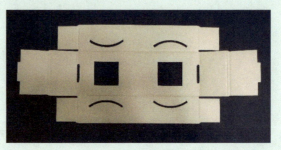

图 4-1-15　裁剪形状

2. 将卡纸折叠成盒子样式。

图 4-1-16　折叠盒子

3. 从盒子侧面插进铝箔镜片，完成凹面镜和凸面镜。

图 4-1-17　插入铝箔镜片

拓展应用

凹面镜和凸面镜的成像原理，我们可以在生活中很多方面充分运用。想想看，除了好玩的哈哈镜，哪些地方也运用了曲面镜的不规则光线反射与聚焦原理？

创客空间

自制验钞机

眼见未必为实。但有时候，我们人眼看不见的东西，却可能实实在在存在着。钱币是各个国家的经济命脉，关系着正常的社会秩序。钱币上有特殊的荧光油墨印制的标记，人眼看不见，紫外线对这种标记有特殊的识别作用。我们可以自制简易验钞机，让假币无处躲藏。

活动材料

电池盒、鳄鱼夹、紫光灯、泡沫板、电池等。

实验步骤

1. 在电池盒中装入电池，在两根电线处安装鳄鱼夹。

图 4-1-20　安装电路

2. 将紫光灯固定在泡沫板上，鳄鱼夹夹至紫光灯灯脚，接通电路。

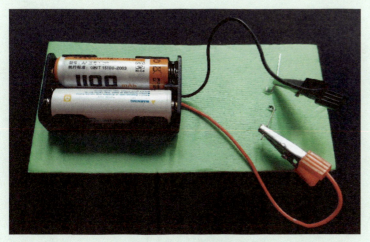

图 4-1-21　接通电路

3. 将紫光灯对准人民币正面中间位置面额数字上方区域，观察是否有同等面额数字显现，以此辨别真伪。

知识链接

荧光，又作"萤光"，是指一种光致发光的冷发光现象。某种常温物质经某种波长的入射光（通常是紫外线或 X 射线）照射，吸收光能后进入激发态，并且立即退激发并发出比入射光的波长长的出射光（通常波长在可见光波段），而且一旦停止入射光，发光现象也随之立即消失。具有这种性质的出射光就被称为荧光。

知识链接

紫外线指的是电磁波谱中波长 10 nm～400 nm 辐射的总称，不能引起人们的视觉。1801 年德国物理学家里特发现日光光谱的紫端外侧一段能够使含有溴化银的照相底片感光，因而发现了紫外线的存在。紫外线可以使荧光物质发光，钞票上某些位置用荧光物质印上标记，在紫外线照射下识别这些标记，从而辨别钞票的真伪。

知识链接

紫外光用途：杀菌，鉴定与透视，健康与医疗，为昆虫指路等。

创客空间

图 4-1-22　尝试验钞

拓展应用

纸币是当今世界各国普遍使用的货币形式。翻阅相关文献资料，请你查查看：世界上最早出现的纸币是哪国人民的发明？人类商品交易的历史是怎样的？

创客空间

视觉暂留——笼子里的小鸟

你爱看动画片吗？你知道动画片是怎么制作出来的吗？物体在快速运动时，当人眼所看到的影像消失后，人眼仍能继续保留其影像 0.1～0.4 秒的图像。让我们通过一个探究活动，揭开动画制作的奥秘吧。

活动材料

卡片、拉线发条、木条、双面胶等。

实验步骤

1. 木条一端开孔，孔的下方粘好双面胶，将拉线发条的小铁轴穿过小孔。

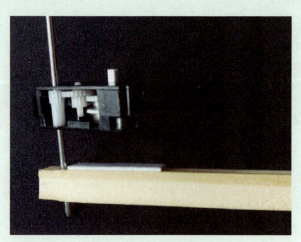

图 4-1-23　固定拉线发条

知识链接

动画是通过把人物的表情、动作、变化等分解后画成许多动作瞬间的画幅，再用摄影机连续拍摄成一系列画面，给视觉造成连续变化的图画。医学证明人类具有"视觉暂留"的特性，人的眼睛看到一幅画或一个物体后，其图像在 0.34 秒内不会消失。利用这一原理，在一幅画还没有消失前播放下一幅画，就会给人造成一种流畅的视觉变化效果。

创客空间

2. 硬纸片展开，背面粘上双面胶，粘在另一端小铁轴上。

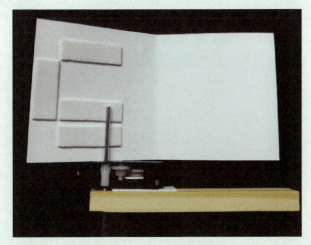

图 4-1-24 固定硬纸板

3. 黏合硬纸片，拉线，观察效果。

图 4-1-25 观察效果

拓展应用

走马灯是中国特色工艺品，也是传统节日玩具之一，属于灯笼的一种。灯内点上蜡烛，烛产生的热力造成气流，令轮轴转动。轮轴上有剪纸，烛光将剪纸的影投射在屏上，图像便不断走动。走马灯是据历史记载最早的视觉暂留运用。你能查阅相关资料，尝试自己制作一个走马灯吗？

艺术欣赏

定格动画是通过逐格地拍摄对象然后使之连续放映，从而产生仿佛活了一般的人物或你能想象到的任何奇异角色的动画。我国有很多动画片是定格动画，比如《曹冲称象》《阿凡提》和《神笔马良》。你可以从互联网获得资源，进行欣赏。

想一想：你和你的同伴如何分工合作，制作定格动画？

一、概念理解

1. 正常人能够看清较近或较远的物体,主要的原因是(　　)。
   A. 视网膜可以前后调节　　　　　　　　B. 角膜的曲度可以调节
   C. 晶状体的曲度可以调节　　　　　　　D. 瞳孔的大小可以调节

2. 外界物体发射过来的光线,依次经过(　　)到达视网膜。
   A. 瞳孔、角膜、晶状体、玻璃体　　　　B. 瞳孔、角膜、玻璃体、晶状体
   C. 角膜、瞳孔、晶状体、玻璃体　　　　D. 角膜、瞳孔、玻璃体、晶状体

3. 煤矿透水,矿工被困在井下,长时间处于黑暗中,当他们被救助上井后,通常被蒙上眼睛。请尝试解释蒙眼的原因。

二、科学思维

1. 当你刚走进电影院时,看不清任何东西,但是过一会儿,你就能看见周围的人和座位。你知道这是为什么吗?

2. 尝试制作一个走马灯,并和同学们一起观赏。尝试分析其中的原理。

第 2 节 眼的成像原理

我们的眼睛是一个超乎寻常的光学装置，在精敏度上，它是最精密的光学仪器的三十万倍。了解简单的光学原理，能让我们对于眼睛的奥秘有进一步了解。而人类探索太空的"眼睛"——太空望远镜，可以让我们仰望辽阔而深邃的星空，求索追随无穷的真理。探索微观世界的"眼睛"——显微镜，可以让我们深入奇异景观：一粒种子、一个细胞、一层薄膜。它们背后都有一个五彩斑斓的故事。

学习目标

- **了解** 透镜成像原理
- **概括** 视觉的形成过程
- **尝试** 自制望远镜和数码显微镜

关键词

- 眼的结构
- 视觉形成过程

一 视觉形成的过程

眼睛是一种视觉器官，它能够让你看到周围环境中的物体。通过眼睛，你可以欣赏这个世界的美好景色，探索世界的奥秘。眼睛会对光等刺激做出反应，它们将这些刺激转化为人脑能够分析的神经冲动，使你看到物体。

光线怎样进入眼睛

当光线进入眼睛后，它们将穿过如图 4-2-1 所示的哪些结构？首先，光线撞击角膜，角膜是覆盖在眼睛前面的一层透明组织；接着，光线穿过位于角膜后面充满液体的小室，到达瞳孔，瞳孔是光线进入眼睛的一个窗口。

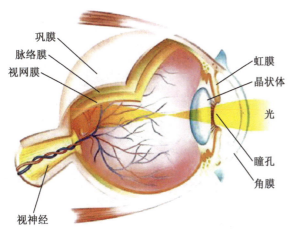

图 4-2-1 光线进入眼睛

你可能已经注意到，当你从一间黑暗的房间走到阳光明媚的室外时，瞳孔的大小会发生变化。光线较强时，瞳孔缩小；光线较弱时，瞳孔放大（见图 4-2-2）。瞳孔的大小通过虹膜里的肌肉进行调整。虹膜是包裹着瞳孔的环状结构，调节着进入眼睛的光线数量。虹膜

知识链接

虹膜中有两种细小的肌肉：一种叫瞳孔括约肌，它围绕在瞳孔的周围，宽不足 1 mm，它主管瞳孔的缩小，受动眼神经中的副交感神经支配；另一种叫瞳孔开大肌，它在虹膜中呈放射状排列，主管瞳孔的开大，受交感神经支配。这两种肌肉相互协调，彼此制约，一张一缩，以适应各种不同的环境。

决定了眼睛的颜色，如果你的眼睛是褐色的，那么虹膜也是褐色的。

光线怎样聚焦

光线穿过瞳孔后，射到晶状体上。晶状体是一种能聚集光线的柔韧结构，照相机的镜头就是模仿其功能制成的。因为晶状体能使光线发生折射，所以形成的图像是倒立的（见图4-2-3）。附着在晶状体上的肌肉能调节晶状体的形状，这种调节使形成的图像更清晰。

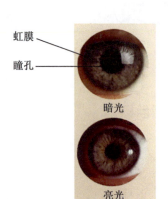

图4-2-2　瞳孔的变化

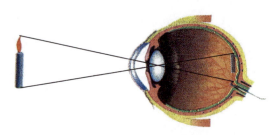

图4-2-3　眼球成像

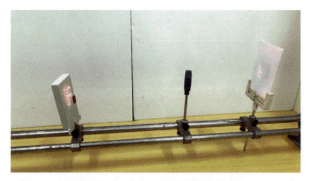

图4-2-4　双凸透镜成像装置图

思考：

1. 图4-2-4中的凸透镜和白纸板分别模拟眼球的什么结构？
2. 根据实验现象和眼球的结构分析，你认为外界物体在视网膜上形成的物像应该是怎样的状态？

模拟探究

模拟眼球成像的过程

实验材料

F光源、光具座、白纸板、凸透镜等。

实验步骤

1. 按照图4-2-4装置，用白纸板作屏幕，将凸透镜放在F光源和白纸板之间。
2. 固定好F光源和白纸板，然后沿着光具座左右调整凸透镜，直至白纸板上出现一个清晰、倒立、缩小的物象为止。

探究·实践

可成像眼球教具的制作

实验材料

凸透镜1个（直径5厘米，焦距5厘米），薄卡纸1张，透明胶、双面胶各1卷，剪刀1把，硬纸若干等。

实验步骤

1. 制作"晶状体"。用薄卡纸包住凸透镜，卷成一个长10厘米左右的镜筒，将凸透镜用双面胶固定在镜筒的最前端（见图4-2-5）。
2. 制作"巩膜"（硬纸暗箱）。用硬纸折成13厘米×11厘米×10厘米的暗箱，接缝处用透明胶带粘牢。在13厘米×11厘米那面的正中央挖出直径5厘米的圆孔（见图4-2-6），另一面剪一

> **探究·实践**

个大的方孔,在方孔上蒙上半透明的黑色塑料膜(见图 4-2-7)。

3. 制作固定"晶状体"的圆筒。用薄卡纸做一个圆纸筒,直径略小于镜头,一端沿着高度方向竖直剪十几个小口并展开,像向日葵那样,把这个纸筒插入纸盒的圆孔,剪开的部分粘在纸盒内壁上(见图 4-2-8、图 4-2-9)。

图 4-2-8　　　　图 4-2-9

4. 固定"晶状体"。将晶状体的镜筒插入暗箱内,前后调节晶状体的位置,观察"视网膜"上的像,直至把视野中物体的像调清楚为止(见图 4-2-10)。

图 4-2-10

图 4-2-5

图 4-2-6

图 4-2-7

二　探索世界的"眼睛"

人类很早就开始了对光的观察研究,逐渐积累了丰富的知识。光学既是物理学中一门古老的基础学科,又是现代科学领域中最活跃的前沿科学之一,具有强大的生命力和不可估量的发展前景。光学作为物理学的一个重要分支,在实际生活、科学研究包括生物学研究中有着广泛应用。接下来,让我们利用光学知识,动手创造,自制望远镜、数码显微镜和潜望镜吧!

知识链接

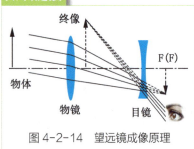

图 4-2-14　望远镜成像原理

知识链接

500 米口径球面射电望远镜简称 FAST，位于贵州省黔南布依族苗族自治州平塘县克度镇大窝凼的喀斯特洼坑中，为国家重大科技基础设施，被称为中国"天眼"。"天眼"是由中国科学院国家天文台主导建设，具有我国自主知识产权，世界最大单口径、最灵敏的射电望远镜。

图 4-2-15　"天眼"

创客空间

自制望远镜

17 世纪初的一天，荷兰小镇的一家眼镜店的主人利伯希为检查磨制出来的透镜质量，把一块凸透镜和一块凹透镜排在一条直线上，通过透镜看过去，发现远处的教堂塔尖好像变大拉近了，于是在无意中发现了望远镜的秘密。我们也可以自己制作简易望远镜。

活动材料

硬纸板、凸透镜、凹透镜、双面胶等。

实验步骤

1. 将硬纸板剪成如图所示形状，剪出四个圆用以粘贴凸透镜和凹透镜。

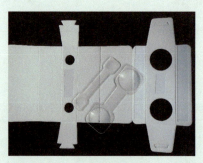

图 4-2-11　硬纸板和凹透镜、凸透镜

2. 将凸透镜和凹透镜与纸板相贴，如下图所示。

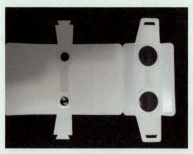

图 4-2-12　凸透镜和凹透镜与纸板相贴

3. 纸板沿折线折叠，粘贴，插接两边，完成制作。

图 4-2-13　制作完成

第4章 明眸善睐
——眼科学与视力保护及矫正

创客空间

拓展应用

望远镜有很多种，利用光的折射的原理制成的望远镜分为伽利略式望远镜和开普勒式望远镜。

我们自制的望远镜原理和伽利略式望远镜一样；而开普勒式望远镜是由两个凸透镜制成的，放大倍率很高，但是看到的却是倒立的像，需要加一个正像仪把像正过来。另外还有哈勃望远镜这样的太空望远镜可以观察外太空。经过400多年的发展，望远镜的功能越来越强大，观测的距离也越来越远。

仰望星空，脚踏实地，这是对生命的诠释。拨开历史的尘封，让我们沉醉于那份坚持与理想带来的芬芳！

自制数码显微镜

1595年，荷兰的著名磨镜师詹森发明了第一个简陋的光学复式显微镜。关于复式显微镜的发明过程，一说是詹森在他父亲的帮助下完成的；另一种说法较为有趣：詹森有两个淘气的儿子，一天，他们溜进了爸爸的作坊里，哥哥顺手拿起了两个镜片放到铜管的两端，发现通过这个铜管看书时书上的字大得吓人，詹森知道后很高兴，让他们帮助他制成了世界上的第一架光学复式显微镜。

数码显微镜能将用显微镜看到的实物图像通过电子技术显现在显微镜自带的屏幕上，也能将实物图像显示在计算机的屏幕上，还可以将其保存、放大、打印等。此外，通过测量软件，还能对被观察的物体进行测量。但由于受经费等原因限制，很多学校特别是乡镇学校还没有数码显微镜，如果能自己动手制作一台简易的数码显微镜，既能方便教学，又可为学校节省一笔经费。

活动材料

普通光学显微镜、多媒体计算机、连接卡夹（可自己制作或者购买，一端能卡住显微镜的目镜套筒，另一端用于固定摄像头，卡夹的重量要尽量轻些，以减少对显微镜的破坏）、软件"AirDroid"等。

实验步骤

1. 安装可投屏软件。投屏软件种类不少，本节介绍一个适用于安卓手机的软件"AirDroid"，它无需数据线，可直接通过Windows/Mac/Web端将电脑的大屏幕与安卓设备实现更好的互动。首先在安卓手机上安装一个软件"AirDroid"并使用邮箱注册登录。在电脑端也安装AirDroid，可以通过百度搜索直接下载，用原来

知识链接

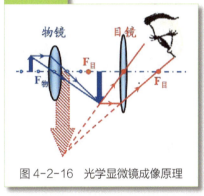

图4-2-16　光学显微镜成像原理

图4-2-17　简易手持式显微镜

图 4-2-20　AirDroid 登录界面（手机）

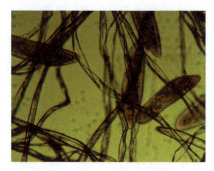

图 4-2-21　数码显微镜拍摄的草履虫

创客空间

手机端注册账号，登录电脑端（注意手机和电脑登录的是同个账号）。

图 4-2-18　电脑客户端登录界面

2. 调试显微镜。按照正确的方法操作显微镜，找到一个较为清晰的目标，调试到最佳观看效果。

3. 固定手机于目镜。连接卡夹主要由目镜套环和手机固定装置两部分构成，如下图所示。

图 4-2-19　连接卡构成

松开手机卡夹，固定好手机。将手机镜头调至卡夹通光孔的中心位置。调节套环大小以适合不同目镜尺寸。由此将手机固定于目镜上。

创客空间

图 4-2-22 手机与目镜固定

4. 计算机屏幕显示图像。进入 AirDroid 客户端，点击窗口左侧"Airmirror"图标，打开观察模式；点击"远程相机"，即可将手机镜头变成电脑的摄像头。

图 4-2-23 远程相机功能

可以在观察到良好的影像时拍照或者拍摄视频，并可在电脑中做进一步处理。

拓展应用

可以考虑使用不同的软件来实现电脑投屏，而 Windows 10 系统甚至自带有投屏功能，使用更加方便。另外，教师还可以通过相应的软件（如 Netmeeting 视频会议软件），把显微镜下观察到的结果通过网络实时传送，进行远程教学或科研，从而增强教学或科研效果。

> **知识链接**
>
> 视频会议是指位于两个或多个地点的人们，通过通信设备和网络，进行面对面交谈的会议。根据参会地点数目不同，视频会议可分为点对点会议和多点会议。

> **技术链接**
>
> 若你的电脑是 Windows10 系统，可直接设置系统自带的"投影到这台电脑"功能；若你的设备是苹果，可直接使用系统自带的 Ariplay 投屏功能。

知识链接

世界上最早记载潜望镜原理的古书，是公元前2世纪我国的《淮南万毕术》。此书已佚，仅存辑本。相传书中有这样几句话：取大镜高悬，置水盘于其下，则见四邻矣。

知识链接

图4-2-27 潜望镜原理

创客空间

自制潜望镜

处于水下航行的潜艇观察海平面和空中情况的唯一手段便是借助潜望镜。潜艇在浮出水面前，艇长都必须指挥潜艇在潜望镜深度先用潜望镜对海平面作一次360度的观察，只有在确认没有任何威胁的情况下，潜艇才会浮出水面。我们也可以自制简易潜望镜。

活动材料

硬纸板、镜片等。

实验步骤

1. 将两块硬纸板裁剪成如图式样。

图4-2-24 裁剪形状

2. 将两个硬纸板折叠成筒状，筒底端为45°斜面，用双面胶将方筒黏结牢固，并在斜面处粘贴镜片。

图4-2-25 粘贴镜片

3. 将做好的两个镜筒插接在一起。

图4-2-26 插接镜筒

拓展应用

以上是我们制作的简易潜望镜。你能再动动脑筋，将潜望镜配置多种摄像机和传感器，如数码摄像机、微光电视摄像机、彩色电视摄像机、热像仪等，制作光电潜望镜，运用在更多领域吗？

一、概念理解

1. 形成视觉的部位是（　　）。
   A. 视网膜　　　　　B. 角膜　　　　　C. 晶状体　　　　　D. 大脑皮层的视觉中枢

2. 晴天的中午，小明走进电影院观看电影。刚走进电影院时眼球内瞳孔的变化是_____，接着寻找到第1排8号座位的过程中眼球内晶状体的变化是_____（　　）。
   A. 放大，曲度由大变小
   B. 放大，曲度由小变大
   C. 缩小，曲度由大变小
   D. 缩小，曲度由小变大

二、科学思维

利用书籍或者网络查找资料，了解望远镜、潜望镜和显微镜制作的历史，在时间轴上画出。

三、技能训练

你学会自制望远镜、潜望镜和数码显微镜了吗？根据光学原理，你还可以怎么设计望远镜、潜望镜或者数码显微镜呢？可以尝试设计并制作出来。

第 3 节　与眼有关的疾病

学习目标

了解　常见眼疾
概括　色盲的遗传规律
尝试　调制不同色光

关键词

- 眼疾
- 色盲

眼睛是人心灵的一扇窗户，眼睛的结构是美丽的，眼神能传达丰富的情感。眼睛也是最需要呵护的，你了解常见的眼科疾病吗？

一　常见眼疾及其自我鉴别

✵ 近视远视

要形成一个清晰的某物的影像，我们的眼睛必须使从物体反射来的光线发生屈折，使光线直接落在视网膜上。近视者仅能看清近距离的物体，远距离的物体看起来很模糊，这是因为图像被聚焦到视网膜的前方了。远视的原因是眼球的前后径变短。近距离的物体发出的光线聚焦到视网膜后面，这样看起来就很模糊，只能看清远距离物体。

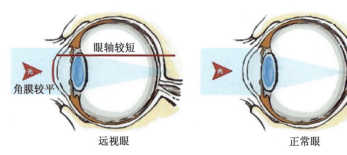

图 4-3-1　远视眼与正常眼

✵ 高度近视

高度近视的成因比较复杂，影响因素也很多，主要的因素大致有遗传因素、环境因素和营养体质因素。第一，遗传因素。高度近视的遗传类型，多数结论是常染色体隐性遗传。因此父代与子代可以不同时出现近视。第二，环境因素。从大量国内外有关调查研究报告来看，已公认遗传与环境是近视眼形成的主要原因，并指出环境条件（特别是光线亮度/室内照明）是导致近视形成的最主要客观因素。第三，营养体质因素。从一些数据的分析得出，微量元素铬、锶和锌等的缺乏和体质的薄弱也可导致近视的产生，但是这些因素是通过什么途径影响近视及多大程度上影响近视则各有说法，没有定论。

◆ 近视的自我鉴别

近视主要是指远视力逐渐下降，视远物模糊不清，而高度近视

图 4-3-2　普通近视和高度近视

常因屈光间质混浊和视网膜、脉络膜变性引起，其远近视力都不好，有时还伴有眼前黑影浮动。视力疲劳表现为眼胀、眼痛、头痛、视物有重影虚边等自觉症状，眼底改变，轻度近视患者眼底一般无改变。中度以上近视患者视乳头较大、色淡，其边缘有新月形或半月形弧形斑。高度近视患者常出现玻璃体液化、混浊，眼底呈豹纹状，严重者可视网膜相继萎缩变性，从而发生裂孔，导致视网膜脱离，严重影响视力。

✿ 散光

散光是一种非球面对称折光系统。散光眼在角膜的不同子午面上具有不同的折光力。由于散光眼的角膜曲率是不对称的，所以由点光源发来的光线，经这种眼睛折射后在视网膜上不能形成清晰的点像。到达角膜不同子午面的光线，在眼内不能被同时聚焦，故称散光。其结果是造成物像变形或视物不清。

◆ 散光的自我鉴别

不戴眼镜看散光测试图（见图 4-3-3），如果看到所有线条都粗细均匀，证明眼睛无散光现象。如果看到某一线条黑而清晰，其他线条模糊，则有散光的可能。

眼睛是人体最受累的器官之一，每天接受 90% 以上的外来信息。随着生活节奏的加快，人们眼睛的负担日渐加重，时常疲惫不堪，歇业罢工。我国因眼病或外界因素的致盲人数每年都在不断增长。

✿ 白内障

人眼的晶状体发生了混浊，医学上称白内障。人的眼睛犹如一部照相机，晶状体就像照相机的镜头，而人眼眼底的视网膜则相当于胶卷。白内障就如照相机的镜头变混浊了，光就难以照射至胶卷（人眼的视网膜），也就难以得到良好的图像。

◆ 白内障的自我鉴别

视物是否开始模糊，色觉是否异常，眼前是否有暗影，是否有昼盲或夜盲，老花眼是否减轻……这些都可作为鉴别是否患白内障的依据。部分老年人平时需要戴老花眼镜来看书读报，但他们会忽然发现自己不需要戴老花眼镜看得也很清楚了，有的老年人很开心，事实上，这却不是个好兆头。这是白内障的早期症状之一。

✿ 青光眼

青光眼是由于眼压持续增高（或正常）引起的以视神经萎缩和视野缺损为共同特征的疾病，在日本等地又称为"绿内障"，是最常见的致盲性疾病之一。眼球的前房和后房充满着一种稀薄而透明的

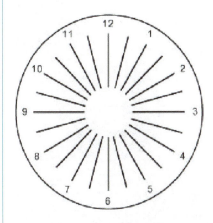

图 4-3-3　散光测试图

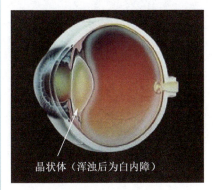

图 4-3-4　白内障

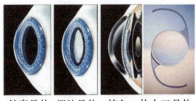

健康晶体　混浊晶体　植入一枚人工晶体

图 4-3-5　白内障治疗

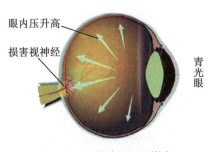

图 4-3-6　青光眼眼压增高

液体——房水。正常情况下，房水在后房产生，通过瞳孔进入前房，然后经过外引流通道出眼。如果某些因素使房水的这种循环途径受阻（通常受阻部位位于前房外引流通道），就会致使房水在眼内积聚，引起眼压升高，从而损伤到视神经。

◆ 青光眼的自我鉴别

对于早期的青光眼患者来说，视野改变是难以发现的。如果想要自查的话，可以用两只眼睛交替去看一副色彩比较明晰的相片，正常人看到的是全面、无斑点的一张相片，而青光眼患者的视野范围内会出现不规则斑点，且斑点内有视野缺损，他们难以看到全面的相片。如果青光眼患者两只眼睛同时看的话，则不会出现异常情况。但是如果是中晚期患者的话，青光眼视野缺损范围会越来越大，并且向中心区域靠拢，医学上称为管状视野，即当患者凝视一个物体时，只可以看清楚中间区域，但无法看见旁边区域。

黄斑变性

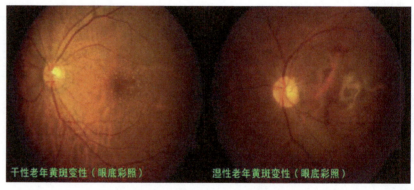

图 4-3-7　干性和湿性黄斑变性眼底彩照

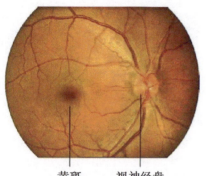

图 4-3-8　正常视野与管状视野所见

黄斑区结构的衰老性改变，病因尚不完全清楚，治疗方法还有待继续研究，患者可关注该病的新疗法。疑似患者可进行眼底检查。第一，干性型。早期可见黄斑区色素紊乱，中心凹反光不清晰，有散在的玻璃疣。发病晚期，黄斑部可有金属样反光，视网膜色素上皮萎缩呈地图状，可见囊样变性。第二，湿性型。多有融合的边界不清的玻璃疣，黄斑有暗黑色图形，或不规则的病灶，大量视网膜下出血，可进入玻璃体内，形成玻璃体出血晚期病变区，呈灰白色瘢痕。

图 4-3-9　黄斑位置

你还了解哪些常见的眼疾呢？请你与同学们一起设计表格，调查周边人群中眼疾的情况。

> 技能训练
>
> ### 调查周边人群中患眼疾的情况
>
> **活动材料**
>
> 铅笔、记录本（或录音笔）、调查表等。
>
> **实验步骤**
>
> （1）确定调查区域；（2）选取调查对象；（3）发放调查表和口头采访。
>
> **参考样表：眼疾科普调查表**
>
> 1. 请您在相应处打"√"，务必真实，感谢您的参与！
> 2. 性别：_____ 年龄：_____ 电话：_____。
>   眼睛出现病症时间：有 _____ 年，是否到医院就医：_____
>   地址：_____ 市 _____ 区 _____ 社区 _____。
>
> 表 4-3-1　眼疾科普调查表
>
> | 症 状 | 白内障 | 青光眼 | 玻璃体混浊 | 黄斑性病变 | 视网膜病变 | 视网膜脱落 | 老花眼 | 视神经萎缩 | 糖尿病视网膜病变 | 角膜白斑 | 结膜炎 | 角膜炎 | 沙眼 | 近视眼 | 干眼症 | 视网膜血管血栓 |
> |---|---|---|---|---|---|---|---|---|---|---|---|---|---|---|---|---|
> | 视力不清 | | | | | | | | | | | | | | | | |
> | 双重影像 | | | | | | | | | | | | | | | | |
> | 飞蚊症 | | | | | | | | | | | | | | | | |
> | 眼睛瘙痒肿痛 | | | | | | | | | | | | | | | | |
> | 眼睛红肿 | | | | | | | | | | | | | | | | |
> | 分泌物多 | | | | | | | | | | | | | | | | |
> | 经常流眼泪 | | | | | | | | | | | | | | | | |
> | 眼睛外观异常 | | | | | | | | | | | | | | | | |
> | 头痛恶心呕吐 | | | | | | | | | | | | | | | | |
> | 迎风流泪 | | | | | | | | | | | | | | | | |
> | 眼底出血 | | | | | | | | | | | | | | | | |
> | 眼酸 | | | | | | | | | | | | | | | | |
> | 眼胀 | | | | | | | | | | | | | | | | |
> | 眼干、眼涩 | | | | | | | | | | | | | | | | |

二　遗传性眼疾——色盲

探究·实践

尝试调制出多种色光

活动材料

红蓝绿三块有色玻璃片、白光手电筒、黑色纸片、白色纸片。

实验步骤

使用手电筒照射不同组合的有色玻璃片，投影在白色纸片（或黑色纸片）上，你能调制出几种色光？

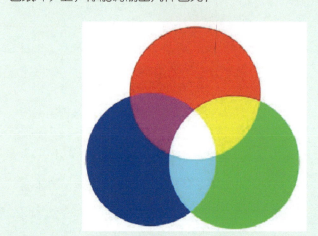

图 4-3-10　三原色

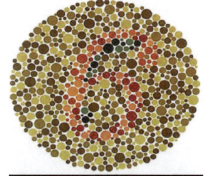

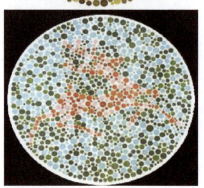

图 4-3-11　色盲测试图

英国著名的化学家兼物理学家道尔顿，在圣诞节前夕买了一双"棕灰色"的袜子，当作礼物送给妈妈。妈妈看到袜子后，感到袜子的颜色过于鲜艳，就对道尔顿说："你买的这双樱桃红色的袜子太鲜艳了，让我怎么穿呢？"道尔顿感到非常奇怪，袜子明明是棕灰色的，为什么妈妈认为这是樱桃红色的呢？疑惑不解的道尔顿又去问弟弟和周围的人，除了弟弟与自己的看法相同以外，被问的其他人都说袜子是樱桃红色的。道尔顿对这件小事没有轻易地放过，他经过认真的分析比较，发现他和弟弟的色觉与别人不同，原来自己和弟弟都是色盲。道尔顿虽然不是生物学家和医学家，却成了第一个发现色盲症的人，也是第一个被发现的色盲症患者。为此他写了一篇论文《论色盲》，成为世界上第一个提出色盲问题的人。色盲也称道尔顿症。

患有色盲的人，无法分辨自然光谱中任何颜色或者某种颜色。为什么人会得色盲呢？这主要是由于人的色识别基因变异。人的红绿色识别基因都在 X 染色体上，基因发生变异，就会导致色识别障碍。人的视网膜上有一种感光细胞——锥细胞，它有红、绿、蓝三种感光色素。每一种感光色素主要对一种原色光产生兴奋，而对其余两种原色光产生程度不等的反应。如果某一种色素缺乏，则会产生对此种颜色的感觉障碍，表现为色盲或色弱（辨色力弱）。

色盲又分许多不同类型：仅对一种原色缺乏辨别力者，称为单色盲，如红色盲，又称第一色盲，比较多见；绿色盲，称为第二色盲，比第一色盲少些，比第一色盲少些；蓝色盲，即第三色盲，比较少见。如果对两种颜色缺乏辨别力者，称为全色盲，较为罕见。色盲多为先天性遗传所致，少数是视路传导系统障碍所致。通常男多于女，发生率在我国男性为5%～8%、女性为0.5%～1%。先天性色觉障碍者往往不知自己有辨色力异常，多为他人觉察或体检时发现。凡从事交通运输、美术、化学、医药等工作人员必须有正常的色觉，因此，色觉检查就成为服兵役、就业、入学前体检时的常规项目。

> **科学思维**
>
> 为什么男性比女性更易患红绿色盲？

探究·实践

模拟色盲的遗传

实验材料

红黄蓝三色卡片（分别表示带有色觉正常基因的X染色体、带有色盲基因的X染色体、不带有色觉基因的Y染色体）等。

实验步骤

1. 两两组合XX卡片，判断女子的表现型；两两组合XY卡片，判断男子的表现型。
2. 选取不同表现型的男女，模拟婚配，判断后代中男孩女孩的表现型。

> **科学思维**
>
> 除了色盲，你还知道哪些遗传病？

与眼有关的疾病种类有很多，有的是遗传物质改变引起的，如色盲；有的是缺乏某种营养物质所致，如夜盲症；有的成因较为复杂，需要进一步研究其机理，如青少年高度近视。青少年应养成合理的用眼、膳食习惯，保护自己的视力。

一、概念理解

1. 眼球的前后径变短会形成（　　）。
   A. 远视　　　　　B. 近视　　　　　C. 散光　　　　　D. 白内障
2. 由于眼压持续增高（或正常）引起的以视神经萎缩和视野缺损为共同特征的疾病是（　　）。
   A. 白内障　　　　B. 青光眼　　　　C. 黄斑变性　　　D. 散光
3. 红绿色盲是（　　）染色上的（　　）性遗传病。
   A. 常，显　　　　B. X，隐　　　　C. Y，隐　　　　D. X，显

二、科学思维

1. 说出 3 种常见眼疾及其自我鉴定。

2. 父亲的色盲基因只能传给 _____，儿子的致病基因一定来自 _____，母亲的致病基因可以通过 _____ 传递给外孙。

三、技能训练

　　每年的 6 月 6 日是全国爱眼日，苏州市疾控中心要在当天举办一次常见眼疾宣传活动，请你和同学们根据已经完成的"调查周边人群中患眼疾的情况"，为疾控中心制作宣传板。

第 4 节 视力的矫正

观看图片，如果你看见的是爱因斯坦，那么恭喜你，你的视力相当正常。如果你看见的是玛丽莲·梦露，抱歉了，你可能需要配一副眼镜了。

视觉是人体获取外界信息的最主要来源，学完本节内容，你将了解到视力不佳的矫正方法。

图 4-4-1

学习目标

了解 视力不佳的矫正方法
尝试 设计眼镜框、自制镜片

关键词

- 近视
- 远视

创客空间

尝试验光

活动材料

验光仪、视力表、散光盘、红绿色标图、试戴眼镜、顶焦度计、瞳距仪或瞳距尺等。

实验步骤

1. 问诊。询问佩戴者的戴镜史、配镜用途。
2. 用顶焦度计复查旧眼镜度数。
3. 用验光仪验光，结合旧镜度数装配好试戴镜。

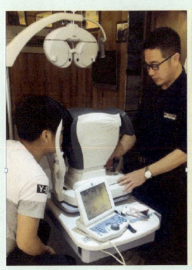 

图 4-4-2 装配试戴镜

4. 视力表检测。

（1）裸眼视力检查，单眼视力测试时先测右眼到 0.5。
（2）看散光盘确定是否有散光及散光度数，即是否有实线或比较粗的线条，根据 30 倍法则来确定轴位（以顾客看到的实线所在的

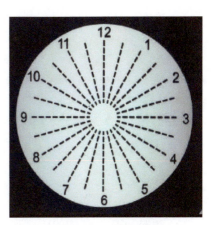

图 4-4-3 散光盘

创客空间

数字乘以30，得到的数字即为顾客的轴位）。

（3）试戴镜加散光度数，直到看见实线变为虚线、线条均匀，再看视力表，将近视度数提升到1.0。

（4）看红绿色标图（色标中的数字）：红色清楚不过矫，绿色清楚过矫需要减度数。

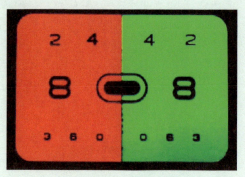

图4-4-6 红绿色标图

（5）重复以上过程，测试左眼视力到1.0。

（6）用+0.25度镜片来检验度数是否过高，如果还能看到1.0就需要-0.25度数。

（7）双眼同时看视力表，视力标准能看到1.2。双眼看红绿色标（色标中的数字），确认是否过矫。

（8）交替遮盖单眼，对比双眼是否平衡，如有清晰度不一样需要测主视眼，以主视眼清晰为准。

5. 测量瞳距（mm）。

（1）手动测量瞳距如下图所示，所用工具瞳距尺一把，非常简单。

图4-4-7 手动测量瞳距

图4-4-4 电脑一体验光仪

（2）瞳距仪测量瞳距。瞳距仪的测量原理是：由光源照亮的视标经光学系统成像在患者眼前某一特定的工作距离处，当患者注视视标时，其左右眼的视轴相交于这一特定的工作距离处。此时光线在患者左右眼角膜表面上各形成一个反光点。验光师通过目镜可以同时看到读数游丝和这两个反光点，移动左右读数游丝，待其分别对准患者左右眼的反光点后，即可在显示屏上得到患者的瞳距。

图4-4-5 瞳距仪

第 4 章 明眸善睐
——眼科学与视力保护及矫正

创客空间

眼镜加工

通过验光确定镜度后，按顾客的需求选择合适的镜架和镜片，就可以开始进行眼镜的加工。随着科技的发展，眼镜的加工程序由开始的手工操作逐渐转为机器加工。

活动材料

扫描仪、磨片机、倒边机等。

实验步骤

1. 用焦度计测左右眼镜片度数。

图 4-4-8　拓普康焦度计

> **知识链接**
>
> 焦度计显示屏必须出现大十字架才可以打中心点，镜片会出现三个点，便于加工。

2. 扫描镜架，得出镜框数。

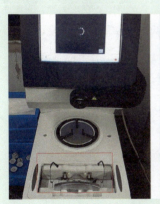

图 4-4-9　扫描镜架

> **知识链接**
>
> 一般磨边机有太阳镜模式和平常模式，普通近视选择平常模式即可，也就是镜片的三个点和扫描仪显示的黄线上的三个点要水平重合。

3. 按照处方把瞳距、瞳高等数据输入扫描仪中，确定中心点。

图 4-4-10　确定中心点

83

安全提醒

请在老师指导下完成磨片操作，注意安全！

创客空间

4. 确定好镜片中心点，扫描仪自动安装吸盘。

图 4-4-11　安装吸盘

5. 把扫描件数据导入磨边机，准备磨片。把确定好中心点的镜片（已经安装吸盘）放进磨片机进行磨片。

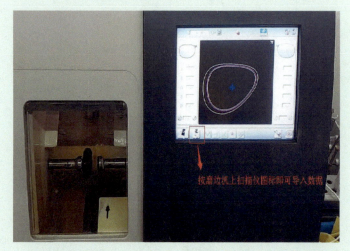

图 4-4-12　磨片

6. 右眼镜片打磨完成。

知识链接

一般镜片会放大 0.5 mm 进行磨边，以防止镜片磨小不好装配。磨镜片时，一般都先右后左，磨右片的同时准备好确定中心点的左片。

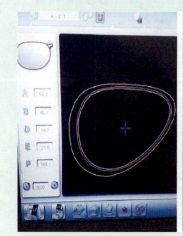

图 4-4-13　右眼镜片打磨完成

第4章 明眸善睐
——眼科学与视力保护及矫正

创客空间

图 4-4-14 右眼镜片打磨完成

> **安全提醒**
>
> 镜片倒边和抛光过程中，请务必注意安全，防止受伤！

7. 镜片磨好后，开始进行倒边和抛光。镜片倒边，直到边不再锋利伤手，才可以抛光并装进镜框。

图 4-4-15 镜片倒边和抛光

> **知识链接**
>
> 超声波机利用超声波在液体中的空化作用、加速度作用及直进流作用，对液体和污物进行直接、间接的接触，使污物层被分散、乳化、剥离，从而达到清洗目的。

8. 将眼镜放进超声波机进行清洗灰尘污迹等，待清洗干净后，用镜布慢慢擦干净即可，整副眼镜就加工完成了。

创客空间

图 4-4-16 超声波清洗

9. 加工眼镜最重要的是调校镜架。因为并不是每一副镜架都是标准规格的，有时也要根据人的脸型去调整镜腿和镜框，一不小心用力不当也会让镜架折断等。调校镜架需要一定程度的经验。

知识链接

美学是研究人与世界审美关系的一门学科，美学研究的对象是审美活动。审美活动是人的一种以意象世界为对象的人生体验活动，是人类的一种精神文化活动。

实践活动

视觉的世界是美妙的，每年的6月6日是全国爱眼日，请你做一份手抄报，向你的亲人朋友宣传爱眼护眼的知识。

创客空间

设计镜架

随着社会的发展，人们的审美观念不断提升，佩戴眼镜不仅可以矫正视力，同时也是品味的象征，所以镜架的选择是一件非常重要的事，适合自己的眼镜可以帮助塑造出知性、睿智、可信赖的形象。

活动材料

纸、笔等。

实验步骤

1. 以小组为单位，分析下图每种脸型的特点。

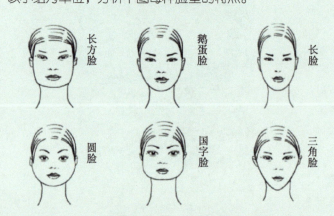

图 4-4-17 各种脸型

2. 结合各种脸型的特点，画出适合该种脸型的镜架。
3. 同学间展示交流自己画出的镜架，在全班范围内评选出最佳设计。

创客空间

自制 3D 眼镜

完成了一般眼镜的制作，我们还可以制作"奇特"的眼镜，让我们多个角度看世界。我们来一起制作红蓝 3D 眼镜吧！

活动材料

硬纸板、红蓝镜片、双面胶。

实验步骤

1. 将硬纸板裁剪成镜框样式。
2. 把红、蓝镜片分别粘贴在镜框的左右两边，用双面胶粘贴固定即可。

图 4-4-18　裁剪镜框

图 4-4-19　安装红蓝镜片

拓展应用

3D 眼镜能够帮助佩戴者改变眼前的图形成像，但是无法达到深入其中的效果。如果佩戴者需要体验虚拟现实技术，就必须使用 VR 眼镜或者是 VR 头盔才行，VR 眼镜能够帮助使用者沉浸在虚拟现实世界中，不被外界的真实世界打扰。你了解 VR 眼镜吗？查找相应资料，和你的同伴一起讨论这个话题。

知识链接

VR 头显是利用头戴式显示设备将人对外界的视觉、听觉封闭，引导用户产生一种身在虚拟环境中的感觉的技术。其显示原理是左右眼屏幕分别显示左右眼的图像，人眼获取这种带有差异的信息后在脑海中产生立体感。

光作用于眼睛，使其感受细胞兴奋，信息经视觉神经系统加工后便产生视觉。通过视觉，人和动物感知外界物体的大小、明暗、颜色、动静，获得对机体生存具有重要意义的各种信息。至少有 80% 以上的外界信息经视觉获得，视觉是人和动物最重要的感觉。

艺术欣赏

请你带上制作好的 3D 眼睛，观察下图，你看到了什么？

对于人类这种社会性动物来说，眼睛从来不仅仅是一个向外部世界打开的窗口，它们也使得人们可以进入彼此的内心世界。比如，人眼有多数猿类不具有的清澈眼白，一种假说是这种特征可以令视线方向、眼睛表情以及身体健康状况更加凸显，人类渴望交流，甘愿冒着暴露自己想法的风险。不管这种假说是否正确，它至少表达了我们的一种愿望，而眼睛恰恰被选中，担当了完成这一美好愿望的职责。

学习本章内容后，你是否对眼与视觉对于人体的重要意义多了一份新的认识？

一、概念理解

1. 以下选项，属于不良的用眼习惯的是（   ）。

   A. 阅读时，书与眼睛之间的距离要保持在 30 厘米左右为好

   B. 近距离用眼时，应每隔 20~30 分钟后休息 3~5 分钟，闭眼或向远处眺望一会儿

   C. 定期做视力检查，凡视力不正常者应到合格眼镜公司的视光师或眼科医师处做进一步的眼睛检查

   D. 光线太强会让眼睛受到的光线刺激太大，眼睛会很容易疲劳，所以看书时光线越暗越好

二、技能训练

在课程中我们自制了红蓝 3D 眼镜。如果你没有红蓝镜片，能不能利用一副普通的眼镜，制作 3D 眼镜呢？接下来请你动手实现它吧！

实验材料：

白板笔，红、蓝墨水，一副眼镜，毛笔。

实验步骤：

（1）用毛笔蘸上红墨水，涂抹在左眼镜片上，可以涂在镜片外侧，也可以内外两侧都涂抹上红墨水。

（2）用同样的方法在右眼镜片上涂抹蓝墨水。

（3）将其晾干，接下来就可以用它来观看 3D 电影啦。

快和同学一起动手制作吧！看看谁做得好。

三、科学思维

我国首份《中国义务教育质量监测报告》指出，我国青少年视力的整体情况不容乐观。请问我们应该从哪些方面入手，保护好我们的视力？

第4章 明眸善睐
——眼科学与视力保护及矫正

本章自我评估

一、概念理解

1. 在眼球的结构中，能改变曲度使人看清远近不同的物体的是（　　）。
   A. 角膜　　　　　B. 瞳孔　　　　　C. 晶状体　　　　　D. 玻璃体

2. 眼球内具有感光细胞的结构是（　　）。
   A. 角膜　　　　　B. 巩膜　　　　　C. 脉络膜　　　　　D. 视网膜

3. 矫正近视眼佩戴的镜片是（　　）。
   A. 平面镜　　　　B. 凹透镜　　　　C. 凸透镜　　　　　D. 凹面镜

4. 下列关于色盲遗传的叙述中，错误的是（　　）。
   A. 男性不存在携带者
   B. 表现为交叉遗传现象
   C. 有隔代遗传现象
   D. 色盲男性的母亲必定是色盲

5. 下图为显微镜下黑藻细胞的细胞质环流示意图，视野中的叶绿体位于液泡的右方，细胞质环流的方向为逆时针，但实际上，黑藻细胞中叶绿体的位置和细胞质环流方向分别是（　　）。
   A. 叶绿体位于液泡的右方，细胞质环流的方向为顺时针
   B. 叶绿体位于液泡的左方，细胞质环流的方向为顺时针
   C. 叶绿体位于液泡的右方，细胞质环流的方向为逆时针
   D. 叶绿体位于液泡的左方，细胞质环流的方向为逆时针

二、科学思维

1. 比较伽利略式望远镜和开普勒式望远镜的光学成像区别。

2. 调查身边人群中患有眼疾的比例和治疗措施。

第 5 章 "菌菌乐道"
——舌尖上的微生物

内容提要

* 食用菌的主要特征
* 食用菌的栽培技术
* 蚕蛹虫草的培育技术

本章学习意义

微生物无处不在，时刻影响着我们的日常生活。从古至今，人们就利用微生物制作了各种美食。学习本章内容后你将了解到食用菌的特征、种类，常见食用菌的栽培技术，体会微生物与人类关系的密切性。

人们对大千世界的认识通常局限于肉眼所见，常常忽视了一些看不清楚，甚至触摸不到的物体。其实这是不对的，这个世界除了肉眼所见的动植物外，还包括细菌、真菌、病毒等各种眼睛无法直接辨识的微生物。

世界上已被描述的真菌有12万余种，可供食用的有2 000余种。相传在春秋战国时期，蘑菇、木耳等食用菌经常出现在帝王的宴席上。宋代苏轼在《与参寥师行园中得黄耳蕈》中写道："老楮忽生黄耳菌，故人兼致白芽姜。"陆游在《野馈》诗中写道："黄耳蕈生斋钵富，白头韭出客盘新。"可见，古人已经开始食用真菌了。

黄耳菌，子实体不规则形，似脑状，全体金黄色，宽2~7厘米，高2~3厘米。含有蛋白质、脂肪、碳水化合物、矿物质、维生素、胶质等营养成分。

真菌作为舌尖上的美味之一，已在地球上生存了4亿多年，给人类奉献了营养与健康，自己却"与世无争"！今天，让我们一同走进这微生物的世界吧！

第 5 章 "菌菌乐道"
——舌尖上的微生物

第 1 节 认识食用菌

我国疆域辽阔，寒带、温带、亚热带和热带构成了复杂的生态环境，孕育了大量具有研究价值和经济价值的野生食用菌，是世界上拥有食用菌品种最多的国家之一。目前，我国已有记载的食用菌约 980 种，隶属于 48 科、136 属，其中 70 余种可人工栽培。

广义的食用菌是指一切可以食用的真菌，它不仅包括大型真菌，而且还包括小型的食用真菌，如酵母菌、丝状真菌、曲霉等，它们是肉眼难以看清的。狭义的食用菌是指可供人类食用的，具有肉质或胶质大型子实体的大型真菌，常被人称为菇、菌、蘑、蕈、耳，主要包括担子菌和子囊菌中的一些种类。

学习目标

了解　真菌的种类
认识　真菌的基本特征

关键词

- 菌丝体
- 子实体
- 孢子

松茸，别名松蕈、合菌、台菌，隶属担子菌亚门、口蘑科，是一种纯天然的珍稀名贵食用菌，被誉为"菌中之王"，是我国二级濒危保护物种。它长在寒温带海拔 3 500 米以上的高山林地。宋代《经史证类备急本草》有过记载。

香菇，又名花菇、香蕈，为侧耳科植物香蕈的子实体。香菇是世界第二大食用菌，也是我国特产之一。

猴头菇，外形似猴子的头，因而得名。《临海水土异物志》："民皆好啖猴头羹，虽五肉臛不能及之。"其俗言曰：宁负千石粟，不愿负猴头羹。

知识链接

世界第一部为"菌"而作的专著——《菌谱》

作者为南宋陈仁玉，台州仙居人士。该书记载了合蕈、稠膏蕈、栗壳蕈、松蕈、竹蕈、麦蕈、玉蕈、黄蕈、紫蕈、四季蕈、鹅膏蕈共 11 种食用菌。

图 5-1-1　陈仁玉《菌谱》自序

科学思维

观察不同食用菌的图片，认识食用菌的多样性。

思考：食用菌是如何适应环境生存下来的？它有叶绿体吗？又是如何获得营养的？

竹荪，其菌柄顶端有一围细致洁白的网状裙从菌盖向下铺开，被人们称为"雪裙仙子"。

羊肚菌，一种珍稀食用菌品种，因其菌盖表面凹凸不平、状如羊肚而得名。

图 5-1-2　几种不同的食用菌

一　食用菌的基本结构

自然界中的食用菌种类繁多，大小不一，形状、颜色各异。尽管存在少数单细胞种类的食用菌，如酵母菌，但大部分食用菌都是多细胞生物。食用菌的表面特征因种类而异，同时还与其所处的生长环境密切相关。但基本结构大致相同，主要由生长于基质内部的菌丝体和生长于基质表面的子实体两部分组成。

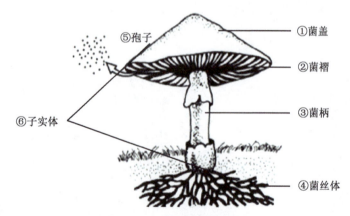

图 5-1-3　食用菌的基本结构

✽ 菌丝体

孢子是食用菌的繁殖单位，相当于植物的种子，它在适宜的条件下萌发形成管状的丝状体，称为菌丝。菌丝量少时看不见，积聚多时呈白色绒毛状。菌丝的生长点在其顶端，反复分枝，形成菌丝群，通称菌丝体。菌丝体生活于基质内部，是食用菌的营养器官。它分解基质中的有机物，从基质中吸收养分和水分进行生长繁殖。当菌丝体成熟时，条件适宜就扭结分化形成子实体。子实体成熟后又会形成孢子，孢子萌发又形成菌丝体。

科学思维

哪些植物是用孢子繁殖后代的？

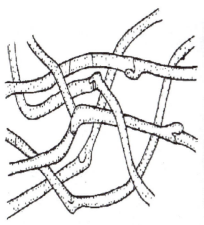
图 5-1-4　菌丝体模式图

图 5-1-5　大球盖菇菌丝体爬上秸秆

知识链接

农作物秸秆，全世界每年产量有 20 多亿吨，大约有 36% 被烧掉，对环境造成污染。农作物秸秆若用来栽培食用菌就会变废为宝。食用菌的菌丝分解纤维素、木质素等复杂有机物的能力很强，在常温常压下，能将人类不能利用的粗纤维转化成可食用的优质菌体蛋白。

※ **子实体**

由成熟的菌丝扭结分化形成，能产生有性孢子的肉质或胶质的大型菌丝组织体，称为子实体。它是食用菌的繁殖器官，也是人们的食用部位。

子实体一般都生长在基质表面，如土质、腐殖质上，朽木或活立木的表面，但也有极少数食用菌的子实体长在地下土壤中，如子囊菌中的块菌，担子菌中的黑腹菌。

图 5-1-6　层菌生长于活立木表面

图 5-1-7　块菌生长于土壤中

知识链接

世界上最早发现块菌的是古巴比伦人，他们在狩猎时偶尔发现野猪爱在橡树林中拱挖，并将拱出的黑乎乎圆球状东西吃掉，吃相颇香。经细心观察，他们发现野猪拱吃的是一种味道极美的食用菌，"猪拱菌"就此得名，并逐渐成为菌中名品。无独有偶，我国四川等地民间也是借助猪拱而得此菌，亦称之为"猪拱菌"。

技能训练

观察蘑菇

实验材料

蘑菇、长有蘑菇的土壤、放大镜等。

实验步骤

1. 取一些长有蘑菇的土壤，用放大镜仔细观察蘑菇的地下菌丝。
2. 对照图 5-1-3，观察蘑菇的形态和结构。

知识链接

孢子印常被用于鉴定蘑菇的种类，因为它能反映蘑菇菌褶的着生模式和孢子的颜色。

> **探究·实践**
>
> **探究蘑菇菌褶的分布**
>
> **实验材料**
>
> 几种不同品种的蘑菇等。
>
> **实验步骤**
>
> 1. 将蘑菇取下菌柄，放在纸袋内保存数日。
> 2. 当伞盖的下表面呈现暗褐色时，将伞盖的菌褶面向下，并轻轻地放在一张白纸上，扣上玻璃杯。
> 3. 将伞盖静置过夜，然后取走玻璃杯和菌盖，用放大镜观察孢子印的形状和颜色。
> 4. 用肥皂洗手，在老师的指导下处理真菌。
>
> **分析**
>
> 1. 观察纸上的孢子是什么颜色？
> 2. 对比纸上呈现出的孢子方式和蘑菇伞盖下表面的菌褶分布，看看有什么特点。

二 食用菌的分类

❋ 按所属类别分

◆ 子囊菌亚门

有性孢子内生于子囊的真菌。子囊菌虽是真菌门中最大的一亚门，但此类食用菌可食用种类少，一般来说经济价值较高，多为野生菌。较常见的有冬虫夏草、黑松露（块菌）、马鞍菌、鹿花菌、羊肚菌等。

知识链接

生物分类是研究生物的一种基本方法。生物分类主要是根据生物的相似程度（包括形态结构和生理功能等）来进行分类。我国明代伟大的医药学家和博物学家李时珍在《本草纲目》中就提出了比较科学的分类方法。

◆ 担子菌亚门

有性孢子外生在担子上的真菌，大部分人工栽培的食用菌都属于此类，常见的有灵芝、草菇、香菇、平菇、金针菇、银耳、木耳、猴头菌、茯苓、竹荪等。

❋ 按生长所需营养物质及营养方式分

◆ 木腐型

自然生长在木本植物上可引起木材腐烂的大型真菌。主要生活在枯木、树桩、断树枝上，常见的种类有：香菇、猴头菇、木耳、银耳、金针菇等。

图5-1-8 木腐型

知识链接

古代，人们把生于木上的食用菌称为菌，生于地上的称为蕈。你还知道其他的分类方法吗？

图 5-1-9　草腐型

◆ 草腐型

自然生长在草本植物残体上的大型真菌。人工栽培的一些食用菌如草菇、双孢蘑菇等属于此类型的菌。

◆ 土生型

自然生长在富含有机质的土壤中的各类大型真菌。常见的种类有：鸡腿菇、竹荪、羊肚菌等。

◆ 粪生型

以腐熟动物粪便为营养源的腐生大型真菌。这种食用菌生长在牲畜类粪便多的土地及有机肥料上，如粪污鬼伞。而且粪生类菇相对来说比较危险，毒菇较多。

知识链接

生态系统中的分解者

分解者是指生态系统中细菌、真菌和放线菌等具有分解能力的生物，也包括某些原生动物和腐食性动物。它们能把动植物残体中复杂的有机物分解成简单的无机物，释放到环境中，供生产者再一次利用。分解者在生态系统中的地位是很重要的，如果没有分解者，动植物残体将会堆积成灾，物质将被固定在有机质中不再参与循环，生态系统的物质循环功能将终止，生态系统将会崩溃。

图 5-1-10　土生型

图 5-1-11　粪生型

◆ 虫生型

这是一种生长繁殖在昆虫体上或与昆虫的活动场地有密切关系的食用菌。我们常说的冬虫夏草就属于此类。

◆ 菌根型

能与植物根系发生互惠共生关系形成菌根的真菌。在我国，这类型的食用菌品种是最多的，其特点是与树木形成外生菌根或内生菌根。比较常见的有牛肝菌和鸡油菌等。

艺术鉴赏

食用菌具有观赏性，是天然的艺术品。形态奇特、质地坚硬的灵芝盆景是古朴典雅的工艺品。

图 5-1-14　灵芝盆景

图 5-1-12　虫生型

图 5-1-13　菌根型

一、概念理解

1. 下列生物不属于真菌的是（　　）。

    A. 酵母菌　　　　B. 细菌　　　　C. 蘑菇　　　　D. 灵芝

2. 结合图片 5-1-3，回答以下问题：

    （1）蘑菇主要由 _____ 和 _____ 构成。

    （2）⑤是从②中散落出来的 _____，它的功能是 _____。

    （3）④的作用是 _____，所以蘑菇的营养方式是 _____。

    （4）蘑菇的食用部分是 _____。

二、科学思维

1. 为什么真菌对地球的物质循环起着重要作用？

2. 比较食用菌和绿色植物在结构上的不同。

3. 鸡油菌这种野生蘑菇生长在宿主树下，如在道氏杉树的底部生长，道氏杉树为它提供生长所需的糖分，鸡油菌在地下用来汲取糖分的纤维部分为它的宿主提供养料和水。由于它们之间的这种互利关系，过量采摘道氏杉树根部的鸡油菌会对道氏杉树的生长不利。以下各项，如果为真，将对题干的论述构成质疑的是（　　）。

    A. 最近几年，野生蘑菇的产量有所上升

    B. 鸡油菌不只在道氏杉树底部生长，也在其他树木的底部生长

    C. 很多在森林中生长的野生蘑菇在其他地方无法生长

    D. 对某些野生蘑菇的采摘会促进其他有利于道氏杉树的蘑菇的生长

    E. 如果没有鸡油菌的滋养，道氏杉树的种子不能成活

第 2 节 "菌菌有味"
——舌尖上的微生物

无论是常见的草菇、香菇、金针菇，还是珍贵的松茸、灵芝、冬虫夏草，这些生长在山野田间、高山草原、溪涧河畔的食用菌，在一些人的眼里，它们可是"上帝馈赠给人类的美妙礼物"。

所谓"上帝的馈赠"，不仅因为它们是美味的食材，更为重要的是，这小小的食用菌的营养价值和药用价值都非常高。

一 食用菌的营养价值

评价食物的营养价值主要在于食物中蛋白质、碳水化合物、脂肪、维生素、矿物质和膳食纤维这几大营养要素的含量和比例。而食用菌具有低脂肪、低糖、无淀粉、无胆固醇、多维生素、多矿物质元素及膳食纤维，且比例平衡、结构合理等特点，被誉为"山珍""长寿食品""健康食品"等。

二 食用菌的药用价值

食用菌中常含有生物活性物质，如高分子多糖、β-葡萄糖和RNA复合体、天然有机锗、核酸降解物、cAMP和三萜类化合物等，对维护人体健康有重要的价值。

> **学习目标**
>
> **认识** 几种常见的食用菌
> **制作** 一道美食
> **栽培** 食用菌
>
> **关键词**
> - 营养价值
> - 药用价值

> **知识链接**
>
> 部分证据能证明食用菌具有以下的作用：① 抗癌。食用菌的多糖体能刺激抗体的形成，提高并调整机体内部的防御能力。能降低某些物质诱发肿瘤的发生率，并对化疗药物有一定的增效作用。② 抗菌、抗病毒。③ 降血压、降血脂、抗血栓、抗心律失常、强心等。④ 健胃、助消化。⑤ 止咳平喘、祛痰。⑥ 利胆、保肝、解毒。⑦ 降血糖。⑧ 通便利尿。⑨ 免疫调节。

技能训练

比较食用菌和蔬菜中维生素 C 含量的差异

实验原理
维生素 C 可使高锰酸钾溶液褪色。

实验步骤
1. 取相同重量的新鲜的草菇、金针菇、青椒、白菜榨汁备用。
2. 取 4 支试管编号，分别加入 2 mL 相同浓度的高锰酸钾溶液。
3. 用滴管将草菇汁、金针菇汁、青椒汁、白菜汁分别滴加到相应的高锰酸钾溶液中（注意滴管要专用）。边滴加边振荡，直到高锰酸钾溶液褪色为止，并记录滴加量。

我国将食用菌作为药物已有两千多年的历史，是利用食用菌治病最早的国家。随着科学技术的发展，以食用菌为原料生产加工的保健食品、保健饮品及药品被大量投入保健品市场及用于医疗临床。

食用菌作为一种绿色食品日益受到人们的重视，越来越多的食

> **表达训练**
>
> 古代，猴头菇与熊掌、海参、鱼翅并称"四大名菜"。
>
> 作为现代人，请你从营养成分、食物链、保护野生动物等不同角度出发，谈谈你对这"四大名菜"的想法。

图 5-2-1　酒酿小圆子

> **知识链接**
>
> 醋酸菌是一种好氧细菌，对氧气的含量特别敏感，当进行深层发酵时，即使只是短时间中断通入氧气，也会引起醋酸菌的死亡。

图 5-2-2　醋酸菌

用菌走进了普通百姓的家庭。

三　舌尖上的食用菌

"春雨绵绵"乃是苏州常见的情景，苏州人称其为"拗春冷"。俗有"春冷冻煞老黄牛"之谚。在这一阶段，苏州人会食用酒酿。酒酿，是苏州传统的特产酒，即用熟的糯米饭加酒药（含有酵母菌、霉菌）发酵而成的一种甜米酒。苏州人常用酒酿为料，制作酒酿丸子、酒酿饼等。

❋ 制作酒酿

材料：

糯米、酒药、玻璃保鲜盒、勺子、白开水。

制作方法：

1. 糯米浸泡一夜，上锅蒸熟，放到干净的玻璃保鲜盒中散热。
2. 等糯米温度降到30℃左右，撒入酒药。
3. 倒入适量的凉白开，用勺子按实，中间挖孔。盖上盖子，三天左右就发酵成酒酿了。

❋ 酒酿小圆子

材料：

小汤圆250克左右，甜酒酿，干桂花少许。

制作方法：

1. 用筷子拨散甜酒酿，使米粒大致分开。
2. 汤锅中加入适量水，烧开后放入小圆子继续煮，并可同时放入适量的干桂花。
3. 待小圆子都浮在水面上后，倒入甜酒酿拌匀，待汤水再次烧沸后关火，加糖调味即可。

《舌尖上的中国》曾这样描述镇江香醋："陕西老陈醋醇厚浓郁，一如北方人的豪放，而江南人的灵秀则赋予醋另一种性格。镇江醋的最大特点在于微甜，适合调拌凉菜、蘸食小吃。"接下来让我们来了解镇江香醋的制作方法吧。

❋ 制作镇江香醋

材料：

糯米、酒曲、水等。

制作方法：

1. 酿酒。将浸泡过的糯米高温蒸煮，使淀粉充分黏稠，再用冷水冲淋降温，让饭粒收缩，有利于微生物繁殖。再低温发酵，要严防杂菌感染。

2. 制醋醅。采取固体分层发酵方法，选取良种，逐步扩大醋酸菌的繁殖，并使其保持适宜的水分和温度。其中发酵温度至关重要，温度偏高，醋醅则产生异味；温度偏低，醋醅发酵不透，影响醋的香气。

3. 淋醋。将醋酸溶解于水，再经过滤、煎煮，去除杂物，净化消毒，确保香醋的纯洁度。煎煮后作密封贮存，6个月后可制成香醋。

思考：

步骤2制醋醅过程中，发酵温度至关重要，你可以设计实验找到较为适宜的温度范围吗？

> **知识链接**
>
> **醋酸菌发酵原理**
>
> 若氧气、糖源充足，醋酸菌将葡萄汁中的糖分解成醋酸。若缺少糖源，醋酸菌将乙醇变为乙醛，再将乙醛变为醋酸。

技能训练

制作果醋

实验材料

葡萄、发酵瓶、酵母粉、醋酸菌、榨汁机、纱布、重铬酸钾溶液等。

实验步骤

1. 对发酵瓶、纱布、榨汁器等用具进行清洗并消毒。
2. 挑选新鲜的葡萄，用清水冲洗并除去枝梗。
3. 榨汁，可加入少量酵母和蔗糖。
4. 混合均匀后将葡萄汁液装入发酵瓶，注意发酵瓶要留有1/3的空间。
5. 将发酵瓶置于适宜的温度（18℃～25℃）下发酵10～12天。
6. 通过出料口对发酵的情况进行及时监测。
7. 发酵10天后，取样检验（酸性条件下重铬酸钾与酒精反应呈现灰绿色）。
8. 取果酒的上清液，加入醋酸菌，然后移至30℃～35℃条件下发酵7～8天，适时充气。

交流讨论

1. 装置中充气口、排气口和出料口分别有哪些作用？
2. 为什么发酵瓶中只装入2/3的液体？
3. 为什么排气口要通过一个长而弯曲的胶管与瓶身连接？
4. 醋瓶子、未喝干的啤酒瓶子放置久了，醋和啤酒表面会形成一层"白膜"，它是怎样形成的？

图5-2-3 果酒和果醋的发酵装置

> **作品展示**
>
> 自己动手制作的美食肯定别有一番滋味。请以食用菌为材料制作一道美食与你的朋友分享吧！

✽ 蕈油面

蕈油面最早只是常熟兴福寺和尚食用的一道素食，后来因得到了香客们的青睐而广为流传。1947年10月19日，宋庆龄、宋美龄姐妹畅游完兴福寺，在寺外林中用餐，一碗兴福蕈油面被端上桌，清香扑鼻，宋氏姐妹品尝后赞不绝口，连声道："好、好、好，想不到小地方有这么好吃的菜和面。"

这种面的"浇头"是正宗的产自虞山的松树蕈，它是一种附生在松树根部的野生食用菌。虞山多松林，每到春秋季节，特别在雨后，就会长出许多蕈来。松树蕈的颜色一如松树皮，呈淡棕色；形似开了伞的蘑菇，但显得更瘦长苗条；质地也略带一点松树的坚韧。

松树蕈的加工较为复杂，先要用盐水浸渍，然后剥去表面一层薄薄的衣膜，清洗掉杂质，用油锅爆炒调味后，才成蕈油。松树蕈口感比较实，仿佛嫩肉，又似野味，较有嚼头。它有着纯正自然的鲜味，甚至还有松树特有的丝丝芬芳。

> **作品展示**
>
> 　　自制香菇酱，并与同学一起分享品尝。
>
> **材料：**
>
> 鲜香菇 400 克、豆瓣酱 1 大勺、姜、葱、蒜、酱油、糖、食用油。
>
> **制作方法：**
>
> 1. 香菇洗净，切成大约 1 厘米见方的丁块，葱、姜、蒜切成末；
> 2. 锅中放油，加入葱、姜、蒜末，炒出香味；
> 3. 加入香菇丁，慢慢翻炒，然后加入少许酱油；
> 4. 炒到香菇变软后，加入 1 大勺豆瓣酱，保持小火，不断搅拌翻炒，加少许糖调味后起锅。

图 5-2-4　松树蕈的清洗—爆炒—成品

松树蕈取材不易，你也可用香菇代替，做一碗可口的香菇面。

香菇面

材料：

生面条、鲜香菇 100 克，油 10 克，小葱适量，生抽 10 克，老抽 5 克，白糖 5 克，香油少许等。

制作方法：

1. 香菇洗净后切片，小葱洗净后切段。
2. 热锅温油下入葱白，爆出香味。
3. 香菇入锅后加入少许开水煸炒出香味，加入生抽和老抽煸炒均匀。
4. 加入白糖提味，加入香油翻炒均匀后熄火出锅，撒上葱花。
5. 将面条放入沸水锅煮熟，捞出盛碗中，浇上香菇即成。

四　常见食用菌的栽培

早在 1100 多年前，我国已经有人工栽培木耳的记载。如今蘑菇、香菇、金针菇、平菇已成为当今世界上栽培最多的四大食用菌。

平菇的栽培

1. 取一个菌包，贴上标签，取下菌包的盖子。

> **作品展示**
>
> 　　展示你所栽培的一种食用菌，并和同学分享栽培心得。

2. 取一块湿毛巾，盖在菌包上，每天对着毛巾喷水，保持毛巾的湿润。

图 5-2-5　平菇长出小菇蕾

图 5-2-6　平菇成熟

3. 将菌包放在阴暗、潮湿的地方，避免阳光直射。

4. 当袋口出现小菇蕾时，完全打开袋口，少量喷水，保持湿润。

5. 当平菇长到花生米大小时，可以增加喷水次数。

6. 平菇长到 5 厘米左右时，即可采摘。

金针菇的栽培

1. 取一个菌包，贴上标签。取下菌包的盖子，套上黑色塑料袋，放在阴凉处，避免阳光直射。

2. 出菇后喷少量的水，继续套上黑色塑料袋，金针菇高度达到 20 厘米左右即可采摘。

> 设计：利用你所学到的知识，为超市的食用菌设计一张海报。
> 要求：图文并茂，以食用菌为主题，突出健康、绿色、天然等特点。

请在上面的方框中贴上你设计海报的照片。你设计的海报名称为：_____。

艺术鉴赏

摄影师眼中的蘑菇

艺术菌的天堂

知识链接

文人笔下的食用菌

汪曾祺《菌小谱》

一、概念理解

1. 下列说法中,正确的是( )。
   A. 食用菌就是蘑菇　　　　　　　　B. 食用菌是可供食用的微生物
   C. 狭义的食用菌是可供食用的大型真菌的总称　　D. 狭义的食用菌是可供食用的大型伞菌的总称

2. 绝大多数食用菌喜欢( )环境。
   A. 干燥温暖　　　B. 湿润阴冷　　　C. 干燥阴冷　　　D. 温暖湿润

二、技能训练

如何更好地保存食用菌?

三、科学思维

1. 下过雨后,树林里的草丛中会长出许多蘑菇,它们看起来新鲜、艳丽,让人垂涎欲滴,但并不是所有野生蘑菇都能食用,其中不少蘑菇带有毒性,被人们称为毒蘑菇。毒蘑菇含有植物性的生物碱,毒性强烈,可损害肝、肾、心及神经系统。一旦误食毒蘑菇中毒后,可能会出现恶心、呕吐、腹痛、腹泻等胃肠道症状及精神亢奋、错乱等精神症状,严重时甚至会导致死亡。民间有很多分辨毒蘑菇的方法,如颜色艳丽的为毒蘑菇,颜色淡雅的是无毒蘑菇。对于民间的这种鉴别方法,你认同吗?如果不认同,你有更加科学的鉴别方法吗?

图 5-2-7　波利亚

美籍著名数学家波利亚(1887—1985)在名著《数学与猜想》一书中提出的论证推理模式告诉我们:要推翻一个结论,只需举一个反例就足够了!

2. 在香格里拉的普达措国家公园,你会看到很多树木上悬挂着飘飘冉冉的浅灰绿色丝状物,这就是长松萝,当地人称之为"树胡子",在分类上属于地衣植物。地衣结构很独特,它是真菌和绿藻的共生体,真菌吸收水分和矿物质,绿藻通过光合作用制造有机物。如果把藻类、菌类分开,整株植物就会死亡。然而这种奇特的现象在香格里拉的其他地方却未曾出现,请大胆推测原因并查阅资料找到正确的答案。

图 5-2-8　长松萝

第 3 节 "谦谦菌子"
——酵母菌

绝大多数的食用菌是多细胞生物，少数是单细胞生物，如酵母菌。酵母菌的细胞呈椭圆形，具有细胞壁、细胞膜、细胞质、细胞核和液泡。

学习目标

使用 显微镜观察酵母菌
掌握 酵母菌的基本结构

关键词

- 酵母菌
- 呼吸

图 5-3-1 酵母菌

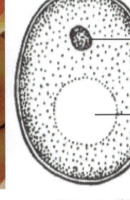

图 5-3-2 酵母菌结构

技能训练

观察酵母菌的形态结构

实验材料

酵母粉、葡萄糖、稀碘液、烧杯、玻璃棒、滴管、镊子、载玻片、盖玻片、吸水纸、显微镜等。

实验步骤

（一）制备酵母培养液

1. 将 1 药匙酵母菌和 3 药匙葡萄糖加入 200 mL 的烧杯中，加清水至 150 mL。
2. 用玻璃棒按一个方向搅拌至酵母粉和葡萄糖溶解。
3. 将烧杯用纱布封口，放置在 30 ℃ 左右环境中培养一天。
4. 一天后，将烧杯上层产生的泡沫状物质取出，取上层较澄清的液体，移入试剂瓶中，并贴好标签"酵母培养液"备用。

（二）观察酵母

1. 在干净的载玻片中央滴一滴酵母菌培养液。
2. 用镊子夹取盖玻片，一侧先接触酵母菌培养液，另一侧轻轻盖下，避免气泡的产生。
3. 在盖玻片一侧滴一滴碘酒，另一侧用吸水纸吸，重复 2～3 次，

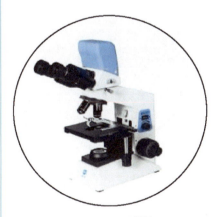

图 5-3-3 显微镜

技能训练

对酵母菌进行染色。

4. 用吸水纸将盖玻片周围多余的碘酒吸去。
5. 将制作好的酵母菌临时标本放在显微镜下，先用低倍镜找到酵母菌，再用高倍镜观察酵母菌的结构。

分析

1. 描述你观察到的酵母菌的形态结构。
2. 画出 2～3 个酵母菌图。
3. 通过使用显微镜，说明显微镜对于扩展观察能力的重要性。

酵母菌在有氧和无氧的条件下都能够生存，但在有氧条件下繁殖得更好。在有氧的条件下，酵母菌能够将葡萄糖分解为二氧化碳和水；在无氧的条件下，酵母菌能够将葡萄糖分解为二氧化碳和酒精。

探究·实践

探究温度是否会影响酵母菌的呼吸作用

提出问题

你如何判断温度是否会影响酵母菌的呼吸作用？请与你的小组成员一起讨论。

作出假设

确定一个将要验证的假设。比如，你假设低温会减缓酵母菌的呼吸作用，或者高温会加速酵母菌的呼吸作用。

实验材料

BTB 溶液、酵母粉／葡萄糖混合液、水／葡萄糖混合液、酵母粉／水混合液、温度计、冰块、量筒、烧杯、吸管、试管、记号笔、橡皮管等。

实验步骤

1. 确定本组的实验方案。
2. 写下你的实验步骤，列出所需的实验器材，并设计一张表格以记录观察结果。
3. 取一支试管，加入 5 mL 清水，滴 5 滴 BTB 后轻轻振荡，然后用一次性吸管向试管内轻轻呼气，观察一系列颜色反应。

修正方案

讨论以下问题以确定实验步骤。

1. 你收集的变色和时间数据是什么？你将如何记录数据？
2. 你将设定哪些变量？对照组是什么？

知识链接

BTB，溴麝香草酚蓝的英文简称，它是一种酸碱指示剂。在水中加入 BTB 溶液，水呈现蓝色。随着水中二氧化碳含量增加，水就会由蓝变绿最终变成黄色。

图 5-3-4　实验图

探究·实践

3. 给每位组员安排任务。
4. 实验设计方案必须经教师同意后才能进行实验。

分析与讨论

1. 你的数据支持你的假设吗?
2. 你的数据和其他同学的有何不同? 比较一下实验设计方案。
3. 葡萄糖在本次实验中起什么作用?

如果只将酵母菌用在制作馒头、面包上,实在是太可惜了。因为我们还可以用它来发射火箭!

创客空间

制作小火箭

实验材料

胶卷盒、薄纸板、发酵粉、醋、万能胶、剪刀等。

制作方法

1. 用圆规在薄纸板上画一个直径约5厘米的圆,用剪刀将圆剪下,然后用剪刀从圆的边缘沿半径剪到圆心处,将其做成一个小小的漏斗。漏斗的圆口大小应当能够正好盖住胶卷盒的底。
2. 用万能胶将小漏斗与胶卷盒的盒底紧紧粘在一起。
3. 火箭身体部位做好之后,还可以为小火箭做几个尾翼。你可以在薄纸板上画3个大小相同的三角形,剪下并粘在胶卷盒上。
4. 带上做好的小火箭、发酵粉和醋,到户外找一个空阔安静的地方进行发射。
5. 向胶卷盒里倒入发酵粉和醋,盖上盖子并摇晃几下。然后将小火箭头朝上放在发射地点,并后退几步。发射就要开始了!

解决问题

1. 如何测量你的火箭飞行的高度?
2. 怎样提高火箭的飞行高度? 你打算从哪几方面进行改善?

知识链接

实验原理

发酵粉和醋相遇会发生化学反应,产生二氧化碳。二氧化碳在小火箭内迅速增多,不断膨胀,产生一股强大的气压将火箭送上天空。

真正的火箭工作原理与我们自制的小火箭类似,也是利用气体向下泄露时产生的巨大气压将火箭送向宇宙的。

图 5-3-5　自制小火箭

一、概念理解

1. 下列食物制作过程中，没有用到酵母菌的是（　　）
   A. 葡萄酒　　　　B. 酒酿　　　　C. 腐乳　　　　D. 面包

2. 酵母菌通常不具有（　　）结构。
   A. 细胞壁　　　　B. 细胞核　　　　C. 液泡　　　　D. 叶绿体

3. 下列关于"探究酵母菌细胞呼吸的方式"，叙述错误的是（　　）。
   A. 酵母菌常被用作研究细胞呼吸的实验材料，其主要原因是酵母菌属于兼性厌氧生物
   B. 在有氧呼吸的装置中，可将空气直接通入酵母菌的培养液
   C. 酵母菌呼吸产生的 CO_2 可使溴麝香草酚蓝水溶液由蓝变绿再变黄
   D. 酵母菌呼吸产生的酒精在酸性条件下能与橙色的重铬酸钾溶液发生反应并变成灰绿色

二、技能训练

估计 1 克酵母溶入 500 mL 水中后，1 mL 水中所含有的酵母菌数量。

实验材料：

显微镜、血球计数板、500 mL 的酵母菌溶液、滴管、盖玻片数块、吸水纸。

实验步骤：

（1）称取

1 克酵母加入 500 mL 的水中，配制成酵母菌溶液。

（2）镜检

加样前，先要检查计数室内有无污物，若有则需清洗后烘干使用。

（3）加样

血球计数板上盖上清洁干燥的盖玻片，用无菌的细口滴管将稀释的酵母菌悬液从盖玻片边缘滴一小滴（不宜过多）。这样通过毛细渗透作用，液体可沿缝隙进入计数室，注意要使计数室中不产生气泡并且充盈稀释液。

（4）计数

将计数板置于载物台上静置 5 分钟左右，先用低倍镜找到计数室，然后换上高倍物镜。如果使用 16 格 ×25 格的计数室，即图 B 中的希利格式，要按对角线位，取左上、右上、左下、右下 4 个中格（即 100 个小格）的酵母菌数；如果使用规格为 25 格 ×16 格的计数板，即图 B 中的汤麦氏，除了取其 4 个对角方位外，还需再数中央的一个中格（即 80 个小方格）的酵母菌数。

当遇到位于大格线上的酵母菌，一般只计数大方格的上方和右方线上的酵母细胞（或只计数下方和左方线上的酵母细胞）。

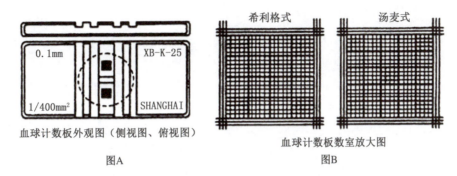

血球计数板外观图（侧视图、俯视图）

图A

血球计数板数室放大图

图B

（5）重复

对每个样品计数三次，取其平均值，按下列公式计算每1 mL菌液中所含的酵母菌个数。计算公式如下。

① 16格×25格的血球计数板计算公式：

酵母细胞数/mL=100小格内酵母细胞个数/100×400×10^4×稀释倍数

② 25格×16格的血球计数板计算公式：

酵母细胞数/mL=80小格内酵母细胞个数/80×400×10^4×稀释倍数

（6）清洗

一般用水冲洗血球计数板，切勿用硬物洗刷，以免磨损计数室。洗完后要烘干或晾干。镜检，直至干净。

实验结果：

设计表格并记录数据。

拓展：

1. 连续五天对此酵母菌溶液进行测量，你有什么发现？

2. 如果在酵母菌溶液中添加葡萄糖，进行同样的操作，结果还会一样吗？

第 4 节 "与菌相伴"
——蚕蛹虫草

学习目标

掌握 蚕蛹虫草的生活史
了解 冬虫夏草的鉴别方法

关键词

- 生活史
- 培育技术
- 蚕蛹虫草

图 5-4-1 冬虫夏草

知识链接

虫草与冬虫夏草

世界上虫草属有 507 种,其中只有 1 种是冬虫夏草,其余的 506 种都只能称为虫草。所以说虫草不能等同于冬虫夏草。

"冬虫夏草,冬在土中,身如活老蚕,有毛能动;至夏则毛出土上,连身俱化为草。"(摘自《本草从新》)你能猜到文中所描述的生物吗?不错,它就是冬虫夏草。

冬虫夏草是一味较为名贵的中药材,说起来还有一个与鲍姑有关的故事。据史书记载,我国第一位有记载的女医学家名叫鲍姑。有一次,鲍姑外出采药,途径一山坳,忽听得茅屋里有人咳嗽不已,进屋探访见一骨瘦如柴的女子,咯下一摊血,遂为其诊病,知其久患痨嗽咯血之症,非冬虫夏草莫治。便处以"虫草",嘱其服用方可治愈疾病。姑娘见之,暗自落泪,家中贫病交加,而冬虫夏草颇为昂贵,何来银钱购买。鲍姑遂交随身携带之药,免费相赠。

鲍姑医德满杏林,美名传远方,后世人为纪念她,曾为之塑像,广州越秀山麓的三元里,就设有鲍姑殿,并塑有鲍姑像。鲍姑运用冬虫夏草治痨嗽咯血之症不无道理,也为后世医籍所记载。然而,至今为止冬虫夏草人工培养还无法实现,但是人们已经实现了其他虫草的人工栽培,比如说蚕蛹虫草。20 世纪 90 年代,上海农科院的科技人员完成了蚕蛹虫草人工培养技术的研究。

一 蚕蛹虫草的生活史

蚕蛹虫草,也叫北虫草、蛹草,属于真菌门,子囊菌纲,肉座菌目,麦角菌科,虫草属。草长 5~8 厘米,呈金黄、橘黄色。

1936 年,Shanor 报道,用蛹虫草无性阶段的分生孢子成功感染普罗米天蛾的活蛹,并用潮湿的苔藓将其包裹后,获得了具有成熟子囊壳的子座,标志着蚕蛹栽培蛹虫草的成功。古恒生等人首次以家蚕和柞蚕为寄主成功获得蛹虫草子实体。而后,人们又在桑蚕、蓖麻蚕蛹上取得了成功,以此开启了以活蛹为培养基的蛹虫草规模化生产。

二 蚕蛹虫草的生活习性

1. 温度:最适温度为 18℃~22℃。
2. 水分:所需水分的绝大部分来自培养料中,菌丝培养阶段的相对空气湿度保持在 60%~70%。
3. 氧气:与其他食用菌相仿,生长发育过程同样是一个吸氧排

图 5-4-2 蚕蛹虫草的形成

碳的代谢过程，故需保持相对较清新的空气，以保证氧气的充足供应。

4. 光照：生长的前期即菌丝发育阶段，应保持完全黑暗状态，全部发满菌后，需要光照。

5. pH 值：适酸性环境，菌丝生长阶段适应 5~7 的基质，最适 5.2~6.8。

三 蚕蛹虫草的药理作用

一些研究表明，蚕蛹虫草可能有以下药理作用：

1. 提高机体免疫力。蚕蛹虫草的免疫作用主要与蚕蛹虫草多糖有关，蚕蛹虫草多糖在增强免疫能力过程中扮演着重要角色。

2. 抗肿瘤作用。蚕蛹虫草能抑制癌细胞裂变，阻延癌细胞扩散，显著提高体内 T 细胞、巨噬细胞的吞噬能力。

3. 抗氧化、抗衰老作用。其作用机理可能与其提高抗氧化酶活性、清除自由基、减少过氧化脂质的生成有关。

4. 抑菌、抗炎作用。蚕蛹虫草中的虫草素对葡萄球菌、链球菌等均有抑制作用。

5. 镇静、催眠作用。蚕蛹虫草含有丰富的维生素，具有调节神经系统的作用，并且对心悸、失眠有较好的治疗作用。

6. 对内分泌功能的影响。临床实验证明，蚕蛹虫草对肾虚所致的阳痿早泄有良好的治疗及保健作用，对肾虚腰痛、糖尿病、蛋白尿等肾功能障碍患者也有较好的治疗效果。

7. 其他作用。蚕蛹虫草在肺虚咳嗽、急慢性支气管炎、哮喘等病症上有一定的应用。

科学思维

结合图 5-4-2，阅读以下文字。

蛹感染蛹虫草孢子后，当环境条件适宜时，孢子便萌发形成菌丝体，菌丝体吸取蛹体内的营养作为其生长发育的物质来源。当菌丝把蛹体内的各种组织和器官分解完毕后，菌丝体发育由营养生长转为生殖生长，菌丝体逐渐扭结分化形成菌核并穿出体外成为橘黄色或橘红色的顶部略膨大的呈棒状的子座（子实体）。

思考

1. 蚕蛹在蚕蛹虫草的形成过程中起了什么作用？
2. 蚕蛹和虫草之间属于什么关系？
3. 影响蚕蛹虫草生长的非生物因素和生物因素分别有哪些？

知识链接

蚕蛹虫草的人工栽培研究最早源于国外，到20世纪80年代我国才出现研究蚕蛹虫草人工栽培的报道。经过几代虫草工作者们的不懈努力，蛹虫草人工栽培已经形成较为成熟的栽培模式。目前，人工栽培蛹虫草的方法主要有蚕蛹培养基栽培、米饭培养基栽培及液体培养。

专家支招

如何才能买到货真价实的冬虫夏草？请掌握一种鉴别冬虫夏草的方法。

随着社会的发展，人们的保健意识也在加强，所以蚕蛹虫草的生产有很大的发展前景。

技能训练

培育蚕蛹虫草

实验材料

无菌操作台、接种枪、虫草接种菌液、蚕蛹、透明塑料盒、恒温培养箱等。

实验步骤

1. 环境及接种工具消毒。
2. 用接种枪把菌液注射到蚕蛹中。
3. 将蚕蛹置于培养箱中培养。
4. 收获虫草并烘干保存。

思考

为何在接种前要对环境和接种工具进行消毒？

四 虫草的食用方法

虫草泡水：取1克虫草洗净后放入杯中，泡水喝5~6遍后再将虫草嚼服咽下。

虫草研末冲服：每天取一定量虫草研末，用温水送服。

虫草煲汤：待各种汤炖至离出锅还有1~2小时时，将适量虫草下锅。

虫草熬粥：将适量虫草洗净后与米一起下锅熬煮，待粥煮好后喝粥吃虫草。

虫草泡酒：取虫草10~20克，捣碎放入度数较高的白酒（约500 mL）中，加盖密封置于阴凉处，经常摇动瓶子以促进有效成分充分溶出，两周后开启，过滤去渣，即可饮用。

虫草水煎：就是熬中药，时间一般为40分钟~1小时，如果处方中还有其他中药，一般将虫草单独煎，以免其有效成分被药渣吸附而浪费了。

对美味的渴望源自人类的本能，美味的食用菌诱惑着我们的舌头，牵动着我们的心。我仿佛闻到了蕈油面淡淡的松香，尝到了苏州花开富贵黄酒的醇香……你若喜欢酸甜口味的食物，那一定不能错过镇江香醋，酸中带着微甜，会让你食欲大增。我相信，关于美食，每个人都有着不同甚至相反的选择，然而总有一道食用菌会满足你挑剔的味蕾。

一、概念理解

1. 蚕蛹虫草是一种生物吗？

2. 桑蚕的发育属于（　　）。
   A. 完全变态发育　　　B. 不完全变态发育　　　C. 直接发育　　　D. 上述答案都对

3. 蚕从受精卵发育成成虫，经历了哪几个过程？

4. 蚕的幼虫在生长过程中为何有蜕皮现象？

5. 目前，人工栽培蛹虫草的方法有哪三种？

6. 蚕蛹虫草收获后是如何保存的？

二、数据分析

表1　蚕蛹虫草与冬虫夏草主要活性成分含量比较　　　（单位：mg/g）

	虫草素	腺苷	多糖	虫草酸
蚕蛹虫草	2.83	3.52	32.30	43.36
冬虫夏草	0.03	0.48	125.68	77.27

表2　不同培养基虫草主要活性成分含量比较　　　（单位：mg/g）

	大米虫草	蚕蛹虫草	菌丝体
虫草素	0.716 7	2.631 9	0.061 2
腺苷	1.712 2	1.846 1	0.154 8
多糖	208.971	81.529	55.358
虫草酸	25.681	46.628	67.195
SOD（U/g）	386.15	470.01	16.59

虫草素具有多种生理活性，如抗菌、抗病毒、抗肿瘤、抗疲劳、抗衰老、抗氧化、降血糖、提高人

体免疫力等。腺苷可用于治疗心绞痛、心肌梗死、动脉硬化、原发性高血压及中风后遗症等病症，是虫草的主要活性成分之一，常用作虫草药材和深加工产品的质量检测指标。

请回答：

1. 表1比较了蚕蛹虫草和冬虫夏草中主要成分含量，蚕蛹虫草中虫草素和腺苷的含量分别是冬虫夏草中的 _____ 倍和 _____ 倍，这也是蚕蛹虫草的最大卖点。

2. 表2是不同培养基虫草主要活性成分含量比较，不同的培养基所含活性成分的量是 _____ 的。从虫草素和腺苷角度来看，用 _____ 培养基获得的蚕蛹虫草营养价值最高。

三、思维拓展

1. 一方面是内地庞大的消费市场，一方面是青藏高原滥采滥挖虫草造成生态恶化的现实。对此，科学家呼吁："冬虫夏草作为宝贵的中药资源，重视对它的保护和开发，寻求通过人为干预促进其生存繁衍的新途径，实现冬虫夏草资源的可持续利用，是当务之急。"请说说你的感想。

2. 对于实现蚕桑资源的多方位开发和利用，你有什么好的建议吗？

3. 附近的菌菇养殖户给同学发来了求救信。他们种植的食用菌产量和质量严重降低，据调查，元凶是一种叫小菌蚊的昆虫。小菌蚊是危害食用菌的害虫之一，幼虫有群居和吐丝网的习性，集群危害食用菌菌丝及子实体。除了蛀食子实体外，还吐丝拉网将整个菇蕾罩住，导致菇蕾停止生长而萎缩死亡。成虫有趋光性，羽化后当天即可交尾。针对这种情况，四名同学提出了以下建议。

　　甲同学提出：给菇房的门窗和通气孔安装纱门、纱窗，防止成虫飞入菇房。

　　乙同学提出：利用成虫的趋光性，可用紫外线灯杀虫。

　　丙同学提出：喷洒农药。

　　丁同学提出：姬蜂为小菌蚊的天敌，放养姬蜂进行生物防治。

　　你觉得哪种方案最好，为什么？

一、概念理解

1. 酵母菌在有氧和无氧条件下均能进行细胞呼吸，属于_____。在有氧的条件下，酵母菌通过细胞呼吸产生_____和_____；在无氧条件下产生_____和少量_____。

2. 某生物兴趣小组探究的具体问题是：酵母菌是否在有氧、无氧条件下均能产生CO_2。现提供若干套（每套均有数个）实验装置，如图Ⅰ（A~D）所示：

   酵母菌培养液　　澄清的石灰水　　10%NaOH溶液　　酵母菌培养液
   　　A　　　　　　　　B　　　　　　　　C　　　　　　　　D
   图Ⅰ

   ① 根据实验目的选择装置序号，并按照实验的组装要求排序（装置可重复使用）。有氧条件下的装置序号：_____；无氧条件下的装置序号：_____。

   ② 装置中C瓶的作用是_____，B瓶中澄清的石灰水还可用_____代替。

3. 下列关于细菌、真菌与人类生活关系的叙述正确的是（　　）。

   A. 酿酒、做面包、蒸馒头都离不开酵母菌

   B. 细菌能使食物腐败、伤口化脓，因此细菌都是有害的

   C. 制作豆酱、腐乳等食品离不开真菌中的霉菌

   D. 青霉素、链霉素等抗生素都是由细菌产生的

4. 下列各种生活现象中，主要和微生物有关的是（　　）。

   A. 贮存大量蔬菜的地窖比空地窖暖和得多

   B. 地窖内的蔬菜因腐烂而散发出霉味

   C. 萌发种子释放出的气体可使澄清的石灰水变混浊

   D. 进入贮存水果的仓库，发现点燃的蜡烛燃烧不旺

二、科学思维

1. 你的邻居拔了他家草坪上的蘑菇。他告诉你，听说蘑菇一长出来就拔掉，那以后就不会再长了。你该如何回答？

2. 《2017年中国居民食品营养健康关注度大数据》调查报告近日发布。报告指出，当前我国儿童营养不良的状况依然存在，微量营养素摄入不足、超重和肥胖持续上升，这都与不健康的饮食习惯密切相关。

至于青少年肥胖问题，在苏州也非常普遍，而且日益增多。结合本章知识，请对青少年饮食提出宝贵意见。

3. 真菌能产生大量孢子并广泛传播，这一点为何是真菌的重要适应性特征？

4. 你能用不同的方法判断酵母菌是活细胞还是死细胞吗？